KB082167

在宅HACKS

小山龍介

일러두기

- 인명·지명·단체명을 비롯한 고유명사는 국립국어원 외래어표기법을 참고해 표기했으며,
  원어는 처음 나올 때만 병기했다.
- 브랜드명은 띄어 쓰지 않고 붙여 썼다.
- 본문에서 단행본은 『 』, 신문 기사는 「 」, 영상은 〈 〉, 잡지는 《 》로 표기했다.
- 인용문 및 옮긴이 주는 한국어판에서 새롭게 구성된 요소다.
- 이 책 『재택 HACKS』는 시간 및 일상 활동을 보다 효율적으로 관리하기 위해 사용하는
  전략 및 기술을 안내하는 저자의 Life HACKS 시리즈 중 한 권이다.
- 저자는 'HACKS'를 문제를 효율적으로 해결하는 방법 혹은 업무나 생활에서 만나는
  성가시고 귀찮은 문제를 우리 주변의 것들로 간단하게 해결하는 테크닉으로 정의하고 있다.

재택 HACKS
在宅HACKS

2020년 10월 6일 초판 인쇄 **○** 2020년 10월 16일 초판 발행 **○ 지은이** 고야마 류스케
옮긴이 이정환 **○ 펴낸이** 안미르 **○ 주간** 문지숙 **○ 아트디렉터** 안마노 **○ 진행** 김민영 이연수
편집 정일웅 서하나 **○ 표지 디자인** 차현호 **○ 내지·정보 디자인** 옥이랑 **○ 커뮤니케이션** 김나영
영업관리 이정숙 **○ 인쇄** 스크린그래픽 **○ 펴낸곳** (주)안그라픽스 우10881 경기도 파주시 회동길 125-15
전화 031.955.7766(편집) 031.955.7755(고객서비스) **○ 팩스** 031.955.7744(편집)
이메일 agdesign@ag.co.kr **○ 웹사이트** www.agbook.co.kr **○ 등록번호** 제2-236(1975.7.7)

ZAITAKU HACKS! by Ryusuke Koyama
Copyright©2020 Ryusuke Koyama
All rights reserved.

Original Japanese edition published by TOYO KEIZAI INC.
Korean Translation Copyright© 2020 by Ahn Graphics Ltd.
This Korean edition published by arrangement with TOYO KEIZAI INC., Tokyo,
through The English Agency (Japan) Ltd., Tokyo and Duran Kim Agency, Seoul.

이 책의 한국어판 출판권은 듀란킴에이전시와 독점 계약한 (주)안그라픽스에 있습니다.
저작권법에 따라 한국 내에서는 보호를 받는 저작물이므로
어떤 형태로든 무단 전재와 복제를 금합니다. 정가는 뒤표지에 있습니다.
잘못된 책은 구입하신 곳에서 교환해 드립니다.

이 책의 국립중앙도서관 출판예정도서목록(CIP)은 서지정보유통지원시스템 홈페이지(seoji.nl.go.kr)와
국가자료공동목록시스템(www.nl.go.kr/kolisnet)에서 이용하실 수 있습니다.
CIP제어번호: CIP2020041866

ISBN 978.89.7059.435.4(03320)

새로운 시대 새로운 일을 위한
89가지 재택 기술

재택 HACKS

고야마 류스케 지음
이정환 옮김

안그라픽스

포스트코로나 시대
우리는 어떻게 일할 것인가

혼자 있기를 원하는 현재의 트렌드는 코로나 19가
갑자기 만들어낸 것이 아니다. 뜻하지 않은 충격으로
사무실이라는 물리적인 공간에 꼭 가야만 하는 것이
아니라는 것을 알게 되었다. 조직 안에서 개인의 역할
정의와 함께 일하는 방식에 대해서도 고민하게 된
것이다. 우리의 삶은 이런 변화에 영향을 받아 계속
변화하고 또 변화할 것이기에 이 변화를 관찰하고,
관찰하고, 또 관찰해야 한다.[01]

송길영 바이브컴퍼니 부사장

책임을 다한다면 내 근무 환경은 언제나 자유롭게
선택할 수 있다는 철학에서 원격근무는 시작한다.[02]

성노들 슬로워크 오렌지랩 팀장

미래는 그냥 오는 것이 아니라 창조하는 것이다.
살다 보면 중대한 결정을 내려야 하는 시점이 있다.
이 시대를 사는 지금 우리는 100-150년 뒤의
역사를 바꾸는 분기점에 와 있다.[03]

유현준 유현준건축사사무소, 대표 건축가

부엌은 거실이기를 원한다. 침실은 그 자체로
집이기를 원한다. 자동차는 바퀴 위에 놓은 방이다.[04]

루이스 칸Louis Isadore Kahn 미국의 건축가

코로나 19 이전에도 우리 사회에서는 조직문화,
위계질서, 사내 직원 간의 관계, 가족 구성과 그들의
관계까지, 거의 모든 사람 사이의 관계가 다시 정립되고
있었다. 코로나 19로 전환은 빨라졌고 다른 선택지도
없어졌다. 그게 새로운 문명을 받아들이는 방법이다.[05]

최재붕 성균관대학교 서비스통합디자인학과·기계공학부 교수

누군가가 옆에서 격려해주거나 남과 경쟁을 하지
않을때 스스로 동기를 얻으려면 좋은 순환 회로Feedback
Loop가 필요하다. 무언가를 성취하거나 하지 못하던
일을 해냈을 때 스스로 만족할 수 있는 모티베이션이
필요하다.[06]

조승연 유튜브 조승연의 탐구생활 채널 운영

코로나로 일시 정지된 상태였기 때문에 우리에게 남은
건 시동을 다시 켜는 것뿐이다.[07]

김미경 유튜브 MKTV 채널 운영

코로나로 비대면 업무 문화가 확산했고,
디지털 기술을 통한 전통적인 사회구조의 혁신을
의미하는 디지털 트랜스포메이션Digital Transformation이
본격적으로 시작됐다. 기업들은 불확실한 상황 속에서
신규 채용 대신 단기적으로 외부 인력을 도입하고,
재택근무로 시간이 많아진 직장인들은 새로운 수익
창출의 기회를 가질 수 있는 환경이 조성되고 있다.[08]

박현호 프리랜서 플랫폼 크몽 대표

내가 원하면 전 세계 어디든 직접 연결되는
가장 운 좋은 세대, 지금이 단군 이래 돈 벌기
가장 좋은 시대다.[09]

주언규 경제 유튜브 신사임당 채널 운영

코로나 시대에는 새로운 리듬을 만들어내는 수밖에
없다. 목표를 잘게 쪼개서 하나씩 성취하며
행복을 느껴야 한다.[10]

김경일 아주대학교 심리학과 교수

모든 사람은 우리의 삶을 이루고 있는 조건과 생각
그리고 구조를 바꾸는 데 참여하는 예술가이자
자유로운 존재다.[11]

요제프 보이스 Joseph Beuys 독일의 예술가·교육가·정치가

비대면 문명이 강화되는 방향으로 변해갈 것이다.
이것은 논쟁의 대상이 아니다. 그 안에서 더 나은
존재가 되고자 욕망하고, 자기 진화를 수행해야 할
뿐이다. 한때 여러 사람이 함께 작업해야 사용할
수 있던 거대한 컴퓨터가 개인용 컴퓨터, 랩톱,
스마트폰으로 차츰 진화하면서 이제 인간은 개인으로
세계와 싸울 수 있는 존재로 거듭났다. 기술 문명의
진화가 우리에게 새로운 가능성을 열어준 것이다.[12]

최진석 전 서강대학교 철학과 교수

출근 십 초![13]

이슬아 작가 겸 헤엄 출판사 대표

시작하며

신종 코로나바이러스 감염증 유행 이후에 다가올 포스트코로나 시대. 재택근무가 현실이 된 지금, 앞으로 우리 생활은 어떻게 바뀔까? 아직 많은 사람이 이것이 우리의 일에까지 영향을 미칠 거라는 사실을 모르고 있다. 이 책은 포스트코로나 시대에 재택근무가 불러올 '일의 대전환'을 제시한다.

　이번 신종 코로나바이러스 감염증 사태를 겪으며 지금까지 지지부진한 상태에서 진척을 보이지 않던 재택근무가 단번에 확대되었다. 이 흐름은 이제 막을 수 없다. 지옥철을 타고 이리저리 흔들리며 긴 시간 출퇴근을 하지 않아도 얼마든 일할 수 있다는 사실을 깨달은 지금 굳이 매일 의미 없는 출퇴근을 할 필요는 없다. 회사도 재택근무를 하면 오히려 생산성이 올라간

다는 사실을 깨달았다. 사무실에 비용을 투자할 필요도 없기 때문에 앞으로 사무실 공간도 축소될 것이다

이제 문제는 '재택근무를 하게 될지 아닐지'가 아니라 '어떤 방식으로 재택근무를 실현할 것인가'로 옮겨졌다. 중요한 것은 재택근무가 단순히 일하는 장소만 바꾸는 것을 의미하지 않는다는 것이다. 그것은 새로운 일과 새로운 인생의 선택을 의미한다. 재택근무를 한마디로 표현한다면 회사에서 해방되는 인생이라는 '새로운 선택지'다.

재택근무로 일의 폭이 확장되다

나는 2008년 회사를 그만둔 이후 집을 거점으로 일, 집필, 대학원 교수 등 다양한 경력을 쌓아왔다. 개인적으로 소소하게 활동했던 기업 연수는 독립한 다음에 내 회사의 핵심 사업으로 발전했고, 지금은 대기업을 중심으로 다양한 컨설팅을 제공하고 있다. 또한 문화청의 일본유산프로젝트日本遺産プロジェクト를 맡은 적이 있다. 그것을 계기로 문화재를 활용한 지역 활성화 사

업에도 손을 대 지방자치단체의 문화재 활용과 관련해 자문 위원으로도 활동하고 있다. 그리고 세 곳의 일반 사단법인 설립에도 관여하는 등 다양한 직위에서 법인 운영에 참여하고 있다.

책도 열심히 쓰고 있어 회사 재직 당시 3권, 회사를 그만둔 이후 12권의 책을 출간했다. 생활을 더 쉽고 효율적으로 만들어주는 도구나 기술을 뜻하는 라이프핵LifeHACK 계열의 서적뿐 아니라 동기부여와 일, 비즈니스 모델 등과 관련된 전문 서적도 집필했다. 교직은 나고야상과대학 객원교수로 시작했다. 준교수로 올라가면서 수업뿐 아니라 세미나도 열게 되었고 매년 수많은 학생의 심화 학습과 경력 관리를 지원하고 있다.

일뿐 아니라 사생활에서도 폭이 넓어졌다. 지금의 교토예술대학인 교토조형예술대학에 다니며 예술학 석사학위를 취득했고, 지금은 박사 과정에 다니고 있다. 또한 밴드 활동도 할 뿐 아니라 피리와 북소리에 맞춰 노래를 부르고 춤을 추는 일본 전통 가면 악극 노가쿠能樂도 배우고 있다. 신종 코로나바이러스 감염증 때문에 학교가 휴교한 뒤로는 아이들과 긴 시간을 함께 보내고 있다.

이처럼 다방면에 걸쳐 여러 일을 해오고 있는데, 사람들에게 이러한 이야기를 하면 어떻게 그렇게 많은 일을 할 수 있느냐며 깜짝 놀란다. 이렇게 다양한 활동을 할 수 있게 만들어준 것이 재택근무다. 만약 회사에 오전 9시부터 오후 5시까지 얽매여 일했다면 도저히 실현할 수 없는 일들이다.

　재택근무는 지금까지와 다른 몇 배나 되는 아웃풋을 실현할 수 있는 새로운 일을 만들어줄 수 있다.

재택근무에 숨어 있는 위험 요소를 긍정적으로 바꾸다

출퇴근을 하지 않아도 된다. 지옥철 안에서 이리저리 치이지 않아도 된다. 다양한 경력을 쌓을 수 있다. 이렇게 좋은 점만 있을 것 같은 재택근무에도 단점은 있다.

　우선 근무 평가의 변화다. 재택근무는 사생활과 업무를 구별하기 힘들어 관리자가 직원의 근무 상황을 파악하기가 어렵다. 따라서 예전처럼 근무 시간으로 실적을 관리하는 것이 아닌 '성과'를 기준으로 관리하게 된다. 그 결과 사무실에서 근무했을 때는 드러나지 않던 생산성 낮은 사람들이 드러나게 된다. 이들이 부정적인 평가를 받지 않기 위해 열심히 일할 경우 재택근무가 사무실 근무보다 더 오랜 시간 노동을 하게 될 가능성이 크다는 지적도 있다. 한편 실적을 올릴 능력이 있는 사람은 전보다 높은 평가를 받게 될 것이다. 또한 단시간에 성과를 올릴 수 있는 사람은 업무 시간을 눈에 띄게 단축해 남은 시간에 지금까지는 불가능했던 새로운 일을 개척할 수 있다.

다른 하나는 고독과 관련된 문제다. 사무실에서 많은 동료와 어울리며 일하던 사람이 갑자기 재택근무를 하면 온종일 한마디도 하지 않고 일에만 집중하는 상황에 빠질 수 있다. 그 결과 역시 회사에서 일하는 게 낫다고 생각하는 사람도 적지 않게 나올 것이다. 인터넷 시대인 지금, 재택근무에서 이러한 문제들은 해결할 수 없는 문제일까? 아니다. 오히려 회사라는 틀을 뛰어넘어 인맥을 확보할 좋은 기회다.

이 책 『재택 HACKS』는 이런 위험 요소도 긍정적으로 전환해주는 다양한 방법을 소개한다. 하지만 그 본질은 기존의 작업 방식에 얽매여 있는 당신 자신을 전환하는 데 있다. 만약 당신이 현재의 작업 방식에

만족해 새로운 일은 생각하고 싶지 않다면 조용히 이 책을 덮고 책장에 꽂아놓기 바란다. 그러나 새로운 작업 방식의 가능성을 느껴 새로운 시대에 맞추어 변하고 싶다면 이 책의 어떤 장부터 읽어도 괜찮으니 부디 계속 책장을 넘겨주기 바란다. 포스트코로나 시대의 새로운 자신과 만날 수 있을 것이다.

환경 정비 HACK   023

사무실과 집은 환경이 전혀 다르다. 본래 휴식을 취하기 위한 곳인 집에서 일하려면 일할 수 있는 환경부터 만들어야 한다. 그렇다고 집을 사무실과 같은 환경으로 만들 필요는 없다.

사무실은 효율성을 중시해 불필요한 요소를 모두 배제한 공장 같은 공간이다. 즉 산업혁명 이후 찰리 채플린Charles Chaplin이 자신의 영화 〈모던 타임즈Modern Times〉에서 야유한, 완벽하게 효율적으로 돌아가는 오로지 작업만을 위한 공간이다. 20세기의 유산 같은 사무실을 당연하게 받아들인 우리는 재택근무를 통해 그 사실을 깨닫게 될 것이다.

앞으로 창조적인 업무 방식에 필요한 것은 공장처럼 삭막한 사무실이 아니라 두뇌를 안정시키고 적절하게 자극하면서 여유가 있는 사무실이다. 그런 사무실을 집에서 실현하기 위한 비법을 소개한다.

환경 정비 HACK

집중력을 높이고 의욕을 붇돋는다

01

뇌의 인지 자원을
낭비하지 않는 환경을 만든다

집에서는 집중해서 일하기가 힘들다고 말하는 사람이 있다. 그렇게 말하는 이유 가운데 하나가 집의 환경이다. 산만한 상태가 계속해서 눈에 들어오면 뇌의 '인지 자원'이 고갈되어 집중력이 떨어진다는 연구 결과가 있다. 그래서 작업 환경을 정리했더니 집중력과 정보 처리 능력이 개선되었다고 한다.[14] 뇌의 자원을 작업에 집중시킨 결과다.

　뇌의 인지 자원은 한정되어 있으므로 가능하면 낭비하지 않는 것이 좋다. 특히 시각적 인지는 뇌의 자원을 대량으로 소비하는데, 집에는 집중력을 저해하는 요소가 많다. 그래서 재택근무를 시작했을 때 뇌의 인지 자원을 낭비하지 않는 공간을 만들어야겠다고 생각했다. 일하는 공간에서 물건을 조금씩 줄여나간 것이다. 『정리 HACKS!整理HACKS!』라는 책을 썼을 때는 책을 스캔해 PDF로 만드는 방식을 소개했다. 책장에서 책을 줄이면서 다른 짐도 줄이는 방식이다. 하지만 그렇게 방을 정리해도 생각보다 집중할 수 있는 환경이 되지 못했다. 삭막한 공간에서는 오히려 더 집중할 수 없었다. 물건이 너무 없는 방에서는 안정감보다 불안감이 느껴졌다.

그래서 미국 기업 구글 사무실을 떠올렸다. 2004년 무렵 지금처럼 큰 회사가 아닐 때 구글 사무실에 놀러 간 적이 있었다.[15] 그때는 제작 중인 컴퓨터 부품 등이 여기저기 널브러져 있었고 엔지니어의 책상에는 모형 산악자전거나 취미로 모으는 장난감 등이 놓여 있었다. 만약 그런 복잡한 환경 때문에 집중력이 떨어졌다면 그들이 그런 환경을 놔둘 리가 없다.

최근에도 구글은 마치 집 거실 같은 사무실을 설계해 화제다. 사무실에는 업무와 전혀 관계가 없는 물건도 놓여 있었다. 미국의 보도 전문 채널 CNN은 "창문도 보이지 않는 칸막이 안에 앉아 업무를 보는 시대는 끝났다."는 기사를 실었다.[16]

중요한 것은 업무와 관련 없는 물건들이 있느냐

없느냐가 아니라 그것이 확실하게 '정리되어 있는가'다. 재택근무를 한다고 해서 업무와 관계없는 것을 모두 버릴 필요는 없다. 오히려 집이라는 편안한 공간을 활용해 회사에서는 실현할 수 없던 최첨단 리빙 오피스를 실현할 수 있다.

02

조명을 활용해
집중력을 이끌어낸다

주변이 흐트러져 있으면 집중하기 어렵다는 사람들에게 권하고 싶은 것이 스포트라이트다. 방 안의 다른 조명은 모두 끄고 책상 등을 사용하면 책상에만 집중적으로 빛이 떨어진다. 책상만 눈에 들어오기 때문에 두뇌는 책상에만 집중된다. 방 전체를 정리하는 것보다 간편하고 빠른 해결책이다.

　이때 책상을 비추는 빛의 질에 신경을 써야 한다. 최근에는 질 좋은 빛을 발산하는 고기능 등light이 잇달아 출시되고 있다. 가전용품 제조회사 발뮤다BALMUDA는 백색 LED 라이트에 다량으로 함유되어 눈에 매우 안 좋은 블루라이트blue light[17]를 줄인 발뮤다 더라이트 BALMUDA The Light를 출시했다. 강한 블루라이트는 망막장애를 일으켜 악영향을 주는데 그런 단점을 피할 수 있다. 또 이 조명은 바로 위에서 빛을 비추는 구조라서 그림자를 만들지 않는다. 빛이 바로 앞에 집중되므로 스포트라이트 효과도 높다. 그렇지만 아이들 학습용으로 개발되었기 때문에 성인이 사용하기에는 약간 불편할 수도 있다.[18]

그 밖에도 빛의 질을 표현하는 것으로 색온도가 있다. 색온도가 낮으면 따뜻한 색, 높으면 푸른 기가 도는 차가운 색이 된다. 통상적으로 주백색은 5,000K 정도지만 가전제품 회사 파나소닉에서는 푸른 기가 도는 6,200K 전구를 만들어 글자를 선명하게 보이도록 했다. 파나소닉은 이 빛을 '글자를 선명하게 비추는 빛 文字くっきり光'이라고 이름 붙였다.[19]

나는 연색성演色性이 높은 조명을 사용한다. 연색성은 색의 재현성이 얼마나 높은지를 평가하는 지표다. 형광등이 요리를 맛없게 보이게 하듯이 조명에 따라 사물의 색은 다르게 보인다. 인쇄물을 만들 때 색감을 점검하는 경우도 있어 색을 올바르게 판단할 수 있는 조명이 바람직하다.

밤에 책을 읽을 때는 블루라이트를 줄이기 위해 색온도를 낮게 조절할 수 있는 영국 전자제품 회사 다이슨Dyson의 라이트사이클Lightcycle을 사용한다. 라이트 사이클은 스마트폰 애플리케이션과 연결해 장소, 시간대, 나이 등에 따라 빛의 밝기나 색온도를 조절해주는 우수한 제품이다. 고령자는 빛의 양을 늘리면 더욱 선명하게 볼 수 있다. 이제 슬슬 노안이 시작되는 나에게 정말 고마운 제품이다.

환경 정비 HACK

03

식탁을 사무용 책상으로 활용한다

사무용 책상의 크기를 재본 적이 있는가? 책상마다 다르지만, 가로 1m에 세로는 70cm 정도가 표준이다. 집에 두기엔 약간 크다. 일을 편하게 하기 위해 나름대로 넓게 만든 것이다. 이는 재택근무를 할 때도 비슷한 크기의 책상이 필요하다는 말이 된다.[20]

이때 활용하면 좋은 것이 식탁이다. 4인용 식탁이라면 사무용 책상의 조건을 충분히 만족한다. 더구나 식사하는 장소이기 때문에 대부분 물건이 놓여 있지 않아 바로 정리할 수 있다. 하지만 회사 책상과 달리 업무에 필요한 서류를 그대로 올려놓은 채 지낼 일이 없으니 일이 끝나면 바로 정리해야 한다. 따라서 서류와 개인용 컴퓨터를 놓을 수 있는 판을 준비해두고 일을 끝내고 식사할 때 그 판에 서류 등을 담아 간단히 옮길 수 있도록 하면 좋다. 정해진 자리 없이 아무 데나 마음대로 앉을 수 있는 '프리 어드레스free address' 사무실과 비슷한 운용 방식이다.

최근에는 '거실 학습'이라는 것도 있다. 과거에는 아이들이 자기 방에 틀어박혀 공부했지만, 오히려 가족이 모여 있는 거실에서 공부하는 쪽이 효과적이라는 것이다. 거실 학습을 하면 모르는 부분이 있을 때 바로 부모에게 물어볼 수 있고 부모 몰래 한눈을 파는 일도 방지할 수 있으며 가족 사이의 소통도 늘어난다고 한다. 우리 집도 아이들의 공부용 책상이 거실에 있다.

이처럼 거실이나 다이닝 공간은 재택근무만이 아니라 다양한 목적으로 활용할 수 있다.

04

게임용 의자를 활용해
허리의 피로를 줄인다

식탁을 책상으로 사용하는 데는 문제도 있다. 바로 의자다. 식탁용 의자에 오랜 시간 앉아 있으면 아무래도 불편하기 때문에 가능하다면 기능이 좋은 사무용 의자를 써야 한다.

최근에는 미국의 유명한 사무용 가구 제조업체 허먼밀러Herman Miller의 에어론체어Areon chair를 비롯해 사무용 가구 회사들이 다양한 기능성 의자를 판매하고 있다. 나는 에어론체어 리마스터드Remastered를 사용하고 있다. 가격은 꽤 비싸지만 재택근무를 하면서 장시간 사용한다는 점을 생각하면 나쁘지 않은 투자다.

이런 고기능성 의자에 대한 소비자의 요구가 커진 배경에는 뜻밖에도 온라인 게임이 존재한다. 최근에는 게임 전용 의자도 등장하고 있는데, 검색해보면 마치 스포츠카 운전석처럼 탄탄한 의자들을 다양하게 찾아볼 수 있다.

오랜 시간 같은 자세로 화면을 들여다본다는 점을 생각하면 게임은 업무보다 훨씬 더 집중력이 필요한 일이다. 지금 의자 부문에서 최첨단을 달리고 있는 것은 사무용 의자가 아니라 게임용 의자다. 그 때문에 사무용 의자 대신 게임용 의자를 들여놓는 사람도 늘고 있다. 컴퓨터에서도 높은 그래픽 성능을 자랑하는 게임 머신이 등장하는 등 게임 산업이 이러한 분야들의 개혁을 선도하고 있다. 따라서 게임 산업 분야에서 반대로 도입하는 방법도 생각해볼 수 있다.

하지만 이러한 고기능 의자를 준비할 수 없을 때는 어떻게 해야 할까? 평소에 사용하던 식탁 의자를 이용해 쾌적하게 일하는 방법은 없을까? 식탁용 의자는 오랜 시간 앉아 있도록 설계되어 있지 않다. 거실 소파도 사무용처럼 일정한 자세를 유지할 수 있도록 만들지 않았다. 양쪽 모두 오랜 시간 업무를 처리하는 데는 어울리지 않는다.

추천하는 제품은 덴마크 매트리스 브랜드 템퍼 TEMPUR의 시트 쿠션seat cushion이다. 엉덩이가 닿는 면

은 굴곡 없이 밋밋하고 평평하지만, 템퍼tempur 소재가
앉는 사람의 골격에 맞추어 변한다. 이 방석을 사용하
면 오랜 시간 앉아 있어도 엉덩이가 아프지 않다. 허리
가 곧게 펴지도록 바닥이 경사져 있어 자세 역시 올바
르게 교정된다.

05

골반을 바로 세워 앉는다

오랜 시간 앉아 있기 힘든 식탁용 의자의 가장 큰 문제는 높이를 조절할 수 없다는 점이다. 그 때문에 올바른 자세로 앉기가 어렵다. 올바른 자세는 골반을 세워 앉는 것이다. 엉덩이를 의자 깊이 밀어 넣고 허리를 곧게 펴서 체중이 좌우 균등하게 실린 상태를 유지하면 몸에 큰 부담을 주지 않는다. 이 상태를 만들려면 의자와 책상 높이가 적절하게 조절되어 있어야 한다.

예를 들어 책상이 너무 낮으면 컴퓨터나 서류를 내려다보는 듯한 자세가 되어 등이 구부러진다. 반대로 책상이 너무 높으면 올려다보는 듯한 상태가 되어 의자에 앉는 위치가 얕아진다. 거실이나 주방 의자를 사용할 경우 식탁이나 책상 높이에 맞춰 의자 높이를 조절할 수 없다는 문제가 생기는 것이다.

우리 집 식탁은 아이들의 성장에 맞추어 높이를 조절할 수 있는 승강식 식탁이다. 높이 조절 문제를 식탁으로 해결한 것이다. 의자나 식탁으로 조절할 수 없다면 컴퓨터 아래에 받침대를 놓는 방법도 있다.

서서 작업하는 스탠딩 데스크standing desk도 한때 유행했다. 책상에 앉아 있는 것보다 서 있는 편이 몸의 부담이 덜하고 집중력을 오랫동안 유지할 수 있다고 해서 서서 작업할 수 있는 높이까지 조절되는 제품도 판매되고 있다.

개인적으로는 서 있으면 다리에 피로가 느껴지고 공간이 좁아 자료를 펼쳐놓을 수 없는 경우가 많아 사용하지 않는다. 서 있어도 힘들지 않은 사람, 자료를 펼쳐놓지 않고 컴퓨터만으로 업무를 처리할 수 있는 사람이라면 스탠딩 데스크도 선택지에 포함할 수 있다. 그럴 때는 발의 피로를 줄이기 위해 쿠션이 깔린 슬리퍼를 신는 등의 노력을 기울여야 한다.

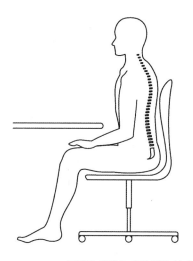

골반을 똑바로 세워 앉은 상태

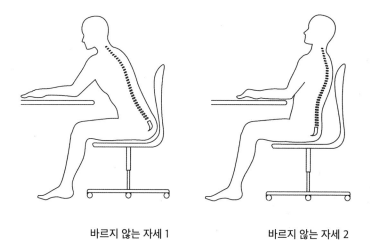

바르지 않는 자세 1   바르지 않는 자세 2

06

대형 모니터를 활용해
작업 효율을 높인다

재택근무에서 중요한 역할을 하는 것이 대형 모니터다. 자기 책상이 있어 모니터를 계속 그 자리에 놓아둘 수 있다면 최대한 화면이 큰 것을 사용하면 좋다. 나는 폭이 120cm나 되는 49inch 울트라와이드 모니터를 사용한다. 책상 가득 펼쳐지는 커다란 화면은 작업창을 아무리 많이 열어도 스트레스를 받지 않고 한눈에 살펴볼 수 있다. 덕분에 평소에 가로 폭에 얼마나 많은 제약을 받았는지 실감할 수 있었다.

듀얼 모니터라는 선택지도 있다. 컴퓨터 화면과 외부 모니터 두 가지를 사용하면 간단히 모니터 면적을 확대할 수 있다. 듀얼 모니터로 사용하기 위한 컴퓨터 받침대도 판매되고 있다. 애플사의 아이맥iMac에는 아이패드를 서브 모니터로 사용하는 사이드카sidecar 기능이 있어 외부 모니터를 사용하지 않고도 디스플레이 공간을 확장할 수 있다.

듀얼 모니터를 선택하는 경우 모니터마다 역할을 정해두는 것이 좋다. 컴퓨터 모니터는 사회관계망서비스Social Network Service, SNS나 채팅, 화상회의 등 커뮤니케이션용, 대형 모니터는 작업용으로 나누면 작업창을 여러 개 띄워도 혼란을 느끼지 않고 업무를 처리할 수 있으며, 두뇌의 인지 자원을 절약할 수 있다. 나는 아이패드를 아이맥 앞에 두고 SNS를 점검한다. 대형 모니터와 태블릿을 용도에 따라 구분해 사용하는 것이다.

하지만 화면을 크게 확장했을 때 문제가 되는 것이 마우스 조작이다. 커다란 화면 한쪽 끝에서 다른 쪽 끝까지 포인터를 이동하려면 몇 번이나 마우스를 움직여야 한다. 이때 마우스의 이동 거리가 늘어나도록 설정해도 좋지만 그러면 이번에는 세밀한 작업이 힘들어진다. 몇 번이나 마우스를 움직여 이동하다 보면 최악의 경우 손목 건초염에 걸릴 수도 있다.

나는 이 문제를 해결하기 위해 트랙 볼track ball을 사용한다. 볼을 빙글빙글 돌리는 것만으로 포인터가 움직이기 때문에 마우스를 들고 움직이지 않아도 된

다. 대형 모니터로 작업할 때 트랙 볼은 꼭 필요한 도
구지만 요즘 별로 인기가 없어 혹시라도 판매가 중지
되는 것은 아닌지 걱정이다.

07

이산화탄소 농도를
1,000ppm 이하로 낮춘다

재택근무의 맹점은 공기다. 사무실처럼 넓은 공간이라면 그다지 신경이 쓰이지 않는 공기 오염도 집이라는 폐쇄된 공간에서는 커다란 문제가 될 수 있다. 여기에서 이야기하고 싶은 것은 이산화탄소다. 일반적으로 이산화탄소 농도가 1,000ppm을 넘을 경우 사고思考에도 영향을 미친다.

집 밖의 이산화탄소 농도는 대략 400-450ppm이다. 그런데 실내에서는 사람의 호흡만으로도 이산화탄소 농도가 올라간다. 한때 이산화탄소 측정기를 가지고 다니며 회의에서 참석자들이 지쳐 보일 때 측정 했던 적이 있다. 그럴 때 확실히 이산화탄소 농도가 1,000ppm을 넘었었다. 3,000ppm을 넘는 경우도 있었다. 3,000ppm까지 이르면 집중력이 떨어질 뿐만 아니라 두통도 생긴다. 참석자들은 사실 회의로 지친 것이 아니라 이산화탄소 때문에 졸렸던 것이다. 환기를 하자 참석자들의 표정도 회의 분위기도 확 바뀌었다.

하지만 사무실은 사람들이 출입하기도 하고 낡은 건물이 아닌 한 어느 정도는 공조 시스템을 갖추고 있기 때문에 이산화탄소가 문제 되는 경우는 별로 없다. 문제는 집, 그것도 아파트나 빌라다. 최근 건물들은 공기나 가스 등 기체가 통하지 않는 기밀성氣密性이 높아 4인 가족이 아침에 일어나 거실에서 아침 식사 준비를 하는 동안에 이산화탄소 농도가 1,000ppm을 넘는 경우가 많다. 정말로 순식간이다. 재택근무를 하면서 줄곧 방에 틀어박혀 있다 보면 공기 오염도 깨닫지 못한 채 그대로 작업을 지속하기도 한다.

나는 책상 한쪽에 공기질측정기를 설치해두고 꾸준히 농도를 측정한다. 이산화탄소 농도가 높아지면 빨간 불이 들어온다. 공기는 눈에 보이지 않기 때문에 더욱 이런 센서를 통해 확인해야 한다. 언제든 이산화탄소 농도를 확인할 수 있어야 한다.

08

공간에 약간의 자극을 더한다

집에서 일하다 보면 아무래도 집중하기가 어려워 카페에서 일한다는 사람도 많다. 잡음이 전혀 없으면 오히려 안정감을 느끼기 어렵다고 한다. 사무실은 타인의 존재가 약간 자극이 되어 의외로 일에 집중할 수 있다. 카페도 그와 비슷해 집보다 집중하기 좋다는 것이다. 작가들 가운데는 텔레비전을 보며 집필한다는 사람도 있다. 하지만 나는 텔레비전을 켜놓으면 정신이 흐트러진다. 그래서 텔레비전 정도로 심한 자극은 아니지만, 아무 소리도 나지 않는 무자극 상태보다는 적당한 자극이 필요하다.

　　적당한 자극은 '동요動搖'다. 이는 규칙적이지도 않고 완전히 불규칙적이지도 않은 조화 상태를 말하는데 물 흐르는 소리나 파도 소리, 난로 불꽃의 흔들림 등이 여기에 해당한다. 이런 동요를 인공적으로 만들어내는 연구도 매우 다양하게 진행되고 있다. 공기청정기로 유명한 발뮤다의 선풍기는 두 날개가 돌아가는 방식에 따라 바람이 부딪히고 흔들리면서 자연을 느낄 수 있는 구조로 되어 있다. 같은 공간이라도 적절한 자극을 주는 동요가 필요하다.

나는 이 동요를 만들어내는 몇 가지 연구를 하고 있다. 그 가운데 하나가 외부 풍경이다. 최대한 외부 풍경이 보이는 장소에서 작업하는 것이다. 바람에 흔들리는 나무나 구름의 흐름, 태양 빛의 변화 등 약간의 동요가 마음을 편안하게 해준다.

예전에는 공유 오피스에 사무실이 있었는데 창문이 없는 방이라 외부 풍경을 전혀 알 수 없어 기분이 우울했다. 창문 밖 풍경은 매우 중요하다.

방에도 동요를 더해주는 장치를 두었다. 바로 수조다. 카페에서는 타인의 존재 자체가 동요인데 수조에서는 작은 물고기들이 공간에 동요를 준다.

수조를 설치하자 거기에 점차 빠져들게 되었다. 송사리를 기르기로 했는데 평범한 품종이라면 가격도 싸고 돌보기도 편하다. 한번 넉넉히 먹이를 주면 며칠 정도는 괜찮아 여행 등 행동에 제약을 받지 않는다. 봄이 되면 알을 낳는데 그 알을 부화시켜 키우는 것도 즐겁다. 최근에는 송사리 키우기가 유행인 듯하다. 한 마리에 몇천 엔에서 몇만 엔이나 하는 비싼 송사리를 키우며 즐거움을 맛보는 사람들도 늘고 있다.

그 밖에도 네이처 아쿠아리움Nature Aquarium이 유행하고 있다. 물고기가 주인공이 아니라 수조에 수초를 꾸미는 일을 즐기는 것이다. 물고기가 수초 안의 사료를 먹다 남기면 그 찌꺼기를 새우가 청소하는데 그게 매우 귀여워 시간 가는 줄 모르고 바라보게 된다.

그보다 손이 덜 가는 것은 관엽 식물이다. 공기의 흐름에 맞춰 흔들리는 식물은 보기도 좋고 기분도 완화해준다. 광합성 작용으로 이산화탄소를 줄여주기 때문에 공기의 질을 높여주는 효과도 기대할 수 있다.

예전에 영화, 연극 제작 배급사 쇼치쿠松竹의 신규 사업 개발과 관련된 일을 했을 때 그야말로 미국 실리콘밸리처럼 원래 창고인 듯한 장소를 사무실 삼아 일한 적이 있다. 공간도 좁고 환경도 나빴기 때문에 나름대로 분위기를 바꾸어보겠다고 관엽 식물을 갖다 놓았다. 그 결과 좁은 공간일수록 식물이 안겨주는 효과가 크다는 사실을 깨달았다.

옥수수와 사탕수수 등에서 추출한 연료를 사용하는 바이오에탄올bioethanol 난로라는 선택지도 있다. 불꽃의 흔들림은 매우 매력적이어서 장작이나 촛불이 흔들리는 모습을 넋을 잃고 들여다본 경험은 누구나 있을 것이다. 그 유기적이고 무질서한 듯 나름대로 질서 있는 상태가 마음을 안정시켜준다. 하지만 가격이 비싸고 장소를 많이 차지하며 화재의 위험도 있다. 또한 기온이 높은 여름에는 사용할 수 없다는 단점도 있다.

창문을 디지털화한다

창문도 없고 수조나 관엽 식물을 들여놓기도 어려울 때는 어떻게 해야 좋을까? 최근에는 이런 문제를 디지털적으로 해결하는 방법이 있다.

일본 게임기 제조업체 닌텐도任天堂의 엔지니어가 개발한 창문형 스마트 모니터 애트모프윈도Atmoph Window는 전 세계의 다양한 풍경을 담아 창문처럼 설치할 수 있다. 멀리서 보면 사진처럼 보이지만 실제론 영상으로 촬영된 것으로 풍경이 조금씩 변한다. 음성 장치도 있기 때문에 그 장소의 분위기를 느낄 수 있다. 한 풍경에 질리면 온라인으로 전 세계 다양한 풍경을 구입해 다운로드받아 다른 풍경으로 바꿀 수 있다. 〈난로의 불꽃暖炉の火〉이라는 영상도 있는데 앞에서 소개한 바이오에탄올 난로를 영상으로 간단히 즐길 수 있다.

그 밖에 디지털 아트 프레임인 프레임드*FRAMED*를 선택할 수도 있다. 프레임드*는 디지털 아티스트의 영상을 보여주는 플랫폼인데 다운로드한 미디어 아트를 바로 표시해 즐길 수 있다. 애트모프윈도와 마찬가지로 동영상 콘텐츠가 천천히 움직여 공간에 부드러운 움직임을 만들어준다. 유명한 디지털 아티스트 나카무라 유고中村勇吾가 개발한 이 제품은 디자인도 세련되고 그 안의 예술 작품도 멋있어 인테리어로도 손색없다.

디지털 윈도는 모두 느리게 움직이는 특징이 있다. 조금씩 천천히 움직여 시간의 흐름을 느끼게 해준다는 점이 중요하다. 완전히 폐쇄된 공간에서는 시간을 느낄 수 없다. 완만한 하루의 변화, 사물의 느린 움직임으로 시간의 흐름을 느낄 수 있고 마음도 안정된다.

재택근무용 음악을 선택한다

공간에 자극을 주는 또 다른 효과적인 수단은 음악이다. 물론 사무실에서는 좋아하는 음악을 틀어놓고 일할 수 없지만, 집에서는 간섭받을 일이 없다. 따라서 좋아하는 음악을 틀어놓고 즐거운 마음으로 일하는 것도 좋은 방법이다.

선곡이 문제인데 나는 업무용으로 다양한 플레이 리스트를 활용한다. 애플뮤직의 플레이 리스트에는 '카페 뮤직' 등 장르별 플레이 리스트를 비롯해 '공부에 도움이 되는 비트'나 '독서를 도와주는 음악' 등 목적별 플레이 리스트가 있다. 개인적으로 마음에 드는 것은 '공항에서 대기할 때 듣는 릴랙스 플레이 리스트'다. 비행기 이동이 많은 미국다운 플레이 리스트라는 생각이 든다. 스웨덴의 음원 스트리밍 서비스 스포티파이

Spotify에도 '공부'라는 장르가 있고 '뮤직 포 콘센트레이션Music for Concentration'이나 '스터디 비츠Study Beats' 등 다양한 플레이 리스트가 준비되어 있다.

이런 음악은 어떻게 들어야 좋을까. 나는 노이즈 캔슬링Noise Cancelling 기능이 있는 무선 이어폰을 사용한다. 어른스러운 느낌이 드는 애플의 에어팟프로AirPod Pro는 노이즈 캔슬링 기능을 사용하는 순간 외부 잡음이 모두 사라져 일에 몰두할 수 있어 마음에 든다. 평소에는 의식하지 못하지만, 에어컨이나 냉장고 등에서 끊임없이 청각을 자극하는 소음이 발생한다. 그런 소음이 사라져 일에 몰입할 수 있어 좋다.

귀에 끼우는 느낌이 답답한 사람은 넥밴드 스피커Neckband Speaker라는 선택지를 생각해볼 수 있다. 소니의 웨어러블 넥스피커 SRS-WS1은 텔레비전을 박력 넘치는 음향으로 즐길 수 있다는 점에서 큰 인기를 끌었다. 이 제품은 주로 영화나 게임을 즐기기 위한 것으로 독자적인 무선 규격을 사용해 지연 현상을 줄였다. 재택근무를 하며 텔레비전을 즐길 때 권할 만하다. 전용 송신기를 텔레비전이나 개인용 컴퓨터, 스마트폰에 유선으로 연결하면 스피커 자체에 케이블을 연결하지 않아도 청취할 수 있다. 모든 것을 무선으로 즐기고 싶다면 블루투스로 접속하는 보스BOSE의 사운드웨어 SoundWear 등을 선택하면 된다.

골전도 헤드폰인 애프터샥 에어로펙스AfterShokz Aeropex는 귀를 막지 않는 오픈 이어open ear 방식으로 주변 소리를 들으면서 사용할 수 있기 때문에 가족이 부르는 소리나 방문객, 택배기사 등의 초인종 소리도 놓치지 않을 수 있다. 가볍게 음악을 흘리면서 사용할 수도 있고 온라인 회의에서 자신의 목소리가 잠기지도 않는다. 골전도 방식이기 때문에 소음이 많은 장소에서도 잘 들려 지금은 온라인 회의의 필수품이다.

나는 상당히 비싸기는 하지만 방에 애플 홈팟Apple Homepod을 두 대 설치해두었다. 홈팟은 공간 인식 능력이 있어 소리의 반향을 계산해 가장 적합한 소리가 나도록 해준다. 두 대를 놓아두면 자동으로 스테레오 스피커 기능이 작동되어 공간에 입체적인 음향을 연출해준다. 약간 피로할 때 이어폰이 아니라 홈팟이 연출하는 음향 공간 안에서 눈을 지그시 감고 휴식을 취하면 스트레스가 사라진다.

⑪
향기로 기분을 전환한다

향기는 기분 전환에 효과적이다. 고급 호텔에 가면 입구에서 코끝을 부드럽게 자극하는 좋은 향기가 풍겨 고급스러움이 느껴진다. 물론 사무실이라면 함부로 이런 향기를 퍼트릴 수 없지만 집이라면 문제될 것 없다.

아로마Aroma는 향기에 따라 다양한 효과가 있기 때문에 상황에 맞추어 사용할 수 있다. 상쾌함을 원한다면 감귤 계열, 안정감을 원한다면 라벤더lavender 같은 플로럴 계열, 청량감을 원하면 수목 계열의 아로마를 선택하면 된다.

나는 플로럴 계열의 라벤더와 수지 계열의 프랑킨센스frankincense를 사용한다. 프랑킨센스는 아로마 오일의 왕으로 불릴 정도로 신성한 향기로 알려져 있다.

종류	효능과 효과	대표 아로마
허브 계열	상쾌하고 청량감이 있는 향기가 특징. 호흡기 계통에 작용한다.	박하, 클라리세이지, 페퍼민트, 로즈마리
감귤 계열	오렌지 등으로 대표되며 신선하고 상쾌한 향기. 심신 안정에 좋다.	오렌지, 레몬, 라임 그레이프프루트
플로럴 계열	꽃의 화려하고 달콤한 향기가 특징. 안정 효과를 얻을 수 있다.	장미, 라벤더, 제라늄, 자스민
수지 계열	달콤하고 짙은 향기를 풍기는 것이 많고 향기가 오래 지속된다. 안정 효과가 높다.	프랑킨센스, 몰약, 벤조인
스파이스 계열	톡 쏘는 향기로 심신을 안정시켜주고 방부 작용이 있어 위장에 좋다.	고수풀, 블랙페퍼, 진저
수목 계열	숲속에 있는 듯한 초목의 청량감이 넘치는 향기가 특징. 진정, 소독 등의 작용이 있다.	노송나무, 시더우드, 멜라루카, 유칼립투스
이그조틱 계열	향에 사용될 듯한 향기로 아시아의 이국적인 정서를 연상시킨다. 기분을 안정시키는 효과가 있다.	일랑일랑, 샌들우드, 파촐리, 베티베르

아로마의 종류와 효능[21]

이러한 아로마를 확산시켜 즐기는 기기, 이른바 아로마 디퓨저aroma diffuser도 몇 가지 종류가 있다. 아로마 폿aroma pot이나 아로마 램프aroma lamp 같은 가열 방식 외에도 미스트를 발생해 아로마 오일을 확산해주는 초음파 방식, 아로마 오일을 미립자화해 방출하는 네뷸라이저nebulizer 방식 등이다. 가열 방식은 확산 범위가 한정되고 초음파 방식은 물 보충이 귀찮다. 그래서 나는 약간 시끄럽지만 효과가 확실하고 향기가 넓게 퍼지는 네뷸라이저 방식을 사용한다. 전원을 켜면 향기가 즉시 퍼져 그 효과를 실감할 수 있다.

향기를 공간에 확산하는 방법 말고도 피부에 발라 즐기는 방법도 있다. 나는 전부터 영국 스킨케어 브랜드 닐스야드레머디스Neal's Yard Remedies의 아로마펄스 Aroma Pulse라는 휴대용 아로마를 사용하고 있다. 롤 온 roll on 타입으로 만들어져 롤을 피부 위에서 굴리듯 손목과 목덜미 등에 바르면 된다. 릴랙세이션, 파워, 나이트 타임, 스터디, 트래블 등 용도별로 판매하고 있다. 나는 라벤더 향이 마음을 안정시켜주는 릴랙세이션을 사용한다. 특히 출장지에서 피로를 말끔히 씻어내고 싶을 때 이 오일을 바르고 잔다.

베란다를 카페로 만든다

아파트에 사는 사람이라면 베란다에 의자와 테이블을 준비해 야외 카페로 활용하는 방법도 권할 만하다.

계절이나 날씨에 신경을 써야 하겠지만 시기가 괜찮다면 나는 노트북을 가지고 나가 커피도 한잔 마시면서 작업한다. 밀폐된 공간에서 오래 일하면 기분이 가라앉는다. 그럴 때 베란다에서 여유를 즐기면 기분 전환에 큰 도움이 된다. 날씨가 좋고 계절도 따뜻할 때 공원에서 일해본 적도 있다. 공원 의자에서는 오래 일하기 어렵지만, 시간이 천천히 흘러가는 듯해 일에서 스트레스를 받지 않는 행복한 시간을 보낼 수 있다. 어떤 경우든 무엇인가 작업을 한다기보다는 아이디어를 생각해내는 창조적인 일에 활용하면 좋다.

사실 미국의 맨션에는 베란다가 설치되지 않은

경우가 많다. 옷을 건조기로 말리기 때문에 널어 말리는 습관이 없다는 것이 그 이유 가운데 하나다. 일본에서는 베란다가 없으면 옷을 말릴 수 없다.

일본인은 외부에 개방된 공간이 없으면 안정감을 느끼지 못하는 경향이 있다. 일본의 가옥에서 정원은 신을 맞이하는 장소였다. 아파트가 보급되면서 정원이 사라진 뒤 베란다가 신을 맞이하는 정원 역할을 하게 된 것이 아닐까 싶다. 건축가 우에다 아쓰시上田篤는 자신의 책『정원과 일본인庭と日本人』에서 베란다가 없으면 신을 맞이할 수 없고 외국인 이상으로 답답함을 느낀다고 지적했다. 그처럼 베란다는 신을 맞이하는 장소이며, 바꾸어 말하면 외부로부터 들어오는 영감靈感을 받아들이는 장소이기도 하다.

환경이 의지를 만든다

자유 의지는 정말 존재할까? 20세기 접어들어 심리학 연구가 활발하게 진행되면서 사람이 내리는 결정은 자신이 결정했다고 의식하기에 앞서 무의식적으로 먼저 실행된다는 사실이 밝혀졌다.[22] 가령 생수병에 담긴 물을 마신다는 행위도 자신이 마시려고 생각해서 손을 뻗기보다 두뇌에서 먼저 무의식적으로 마시기로 결정을 내리고 나중에 그것이 자신의 의지였다고 착각한다는 것이다. 그런 식으로 모든 것이 무의식중에 결정된다면 인간의 자유 의지는 어디에 존재하는 것일까? 이런 점들로부터 자연스럽게 "자유 의지는 환상"이라는 주장이 나오게 되었다.

　자유 의지가 정말로 존재하느냐는 문제는 제쳐두고 우리는 환경의 영향을 상상 이상으로 많이 받는다.

그리고 그 영향 아래에 존재하는 무의식에서 상당히 많은 결정이 이루어지고 있을 가능성은 충분히 받아들일 만하다. 즉 '일에 집중하자'라는 의지력이 아니라 '나도 모르게 일에 집중한다'라는 '환경의 힘'이야말로 믿어야 할 대상이라는 것이다. 자신의 의지를 과신하지 말고 환경을 바꿔 자신을 바꾸어야 한다. 사무실에서는 환경을 마음대로 바꿀 수 없기 때문에 이런 부분을 깨닫기 어렵다. 그 결과 변하지 않는 환경 탓에 성과가 올라가지 않을 경우 모든 것이 자기 탓이라는 생각하게 된다. 그러나 재택근무라면 '환경을 바꾼다'는 또 다른 접근 방식이 존재한다.

지금까지의 '일하는 방식'은 18세기에 발생한 산업혁명 이후의 유산을 그대로 이어온 것이다. 객관적인 근무 시간을 기준으로 노동을 계측한다는 유산이다. 그러나 앞으로는 다르다. 근무 시간을 계측할 수 없는 재택근무라는 상황에 놓인 결과, 산업혁명의 망령으로부터 해방되어 새로운 일하는 방식이 등장했다. 성과를 기준으로 삼는 방식이다.

사무실 근무와 재택근무의 가장 큰 차이는 타인의 눈이 없다는 것이다. 모든 것을 스스로 조절해야 한다. 게으름을 피우든 텔레비전을 보든 아무도 주의를 주지 않는다. 그런 환경에서 어떤 사람은 전혀 일을 못하고 또 어떤 사람은 오히려 더 많은 일을 처리한다. 문제는 '어떻게 자신을 통제하는가'에 있다.

이번 장에서는 자신의 행동을 어떻게 관리하면 좋은지 재택근무에서의 '행동 관리 HACK'를 다룬다. 단 이것은 사무실에서 일했을 때와 똑같은 아웃풋을 실현하기 위해서가 아니다. 사무실에서 일했을 때보다 최소한 3배 높은 아웃풋을 실현하기 위한 것이며, 재택근무이기 때문에 가능한 새로운 '일하는 방식'에 관한 제안이다.

행동 관리 HACK

온오프 스위치를 전환해
아웃풋을 최대화한다

옷차림으로 온오프
스위치를 전환한다

재택근무에서 중요한 것은 일하는 상태인 온on과 일이 끝난 상태인 오프off의 스위치 전환이다. 사무실이라면 업무의 시작과 종료가 명확하지만, 재택근무에서는 이 부분이 애매해진다. 이 온오프 스위치를 제대로 전환하지 못하면 업무에 집중하기 어렵고 일을 신속하게 처리하지 못해 오랜 시간 노동하게 될 수 있다. 그런 사태가 발생하지 않도록 방지해야 한다.

온오프 스위치는 옷으로 전환할 수 있다. 재택근무를 할 때는 복장에 신경을 쓰지 않아도 되기 때문에 지나치게 편안한 복장이나 잠옷을 입은 채로 일하기도 한다. 이러한 느슨함은 재택근무의 장점이기도 하지만 그것이 온오프의 전환을 어렵게 만드는 폐해로 작용하기도 한다.

답답한 정장까지 걸칠 필요는 없지만, 외출할 때 입는 옷 정도로 갈아입어도 기분은 바뀐다. 아침에 근처 편의점까지 나가 커피를 사는 것을 일과로 삼는 것도 좋은 방법이다. 외출을 계기로 기분을 '온'으로 만들 수 있기 때문이다.

출근할 때처럼은 아니더라도 우선 옷차림을 단정하게 정돈하고 전투 모드로 들어가자. 그리고 일이 끝나면 편안한 옷으로 갈아입는다. 외국의 연구 결과에 따르면 재택근무를 하는 사람은 사생활과 일하는 시간의 구분이 모호해져 오랜 시간 일을 하기 쉽다고 한다.[23] 출퇴근 시간을 줄여 일과 일상 생활의 균형을 실현하려 했는데 오히려 노동 시간이 늘어 균형이 깨지게 될 수 있는 것이다.

업무를 마치고 스위치를 오프 상태로 만드는 방법은 다양하다. 술을 마시거나 샤워를 한 뒤 잠옷으로 갈아입으면 금세 안정감을 느낄 수 있다. 옷의 영향은 상상 이상이다. 넥타이를 풀거나 벨트를 느슨하게 하면 편안함이 느껴지듯이 옷으로 몸을 옥죄거나 편안하게 하는 식으로 온오프 스위치를 전환할 수 있다.

일을 시작하는 루틴을 만든다

과거에 작가들은 흔히 '연필을 깎는 것부터 시작한다'는 식으로 일을 시작하는 루틴routine이 있었다. 소설가 가타오카 요시오片岡義男는 연필을 깎기 시작하면 타인으로부터 방해를 받지 않는 자기만의 세계로 들어갈 수 있다고 했다. 그래서 그의 책상 서랍에는 수십 자루나 되는 연필이 들어 있었다.[24] 연필이 필요해서 깎은 것이 아니라 자기만의 세계로 들어가기 위해, 의욕을 일깨우기 위해 연필을 깎은 것이다.

운동선수도 마찬가지다. 프로 야구 선수인데도 비가 내려 시합이 중지되면 매우 기뻤다고 말하는 선수도 있었다. 프로 야구 선수는 기분이 내키지 않을 때도 시합에 출전해야 한다. 그럴 때 선수는 다양한 루틴을 정한다. 지금은 현역에서 은퇴한 야구 선수 스즈키

이치로鈴木一朗 역시 선수 시절에는 워밍업을 시작할 때부터 그라운드에 올라설 때까지 모든 것이 정해져 있었다고 한다.

내 친구는 서류를 찢는 것으로 하루를 시작한다. 불필요한 서류를 시원하게 찢으면서 스트레스가 해소되고 몸을 움직이니 자연스럽게 잠도 깰 수 있어서 일석이조라는 것이다.

왜 루틴이 효과가 있는 것일까? 아무런 의미도 없다면 굳이 이런 루틴 따위는 필요가 없다. 그러나 다양한 영역의 프로들이 실천하고 있다는 사실을 생각하면 분명히 무언가 효과가 있을 것이다.

루틴의 효과에 관해서는 다양한 의견이 있다. 그중 루틴을 실천할 때 그날 해야 할 일의 전체 모습을 이미지로 떠올릴 수 있다는 점이 가장 클 것이다. 프로야구 선수라면 스타디움의 상태나 날씨 그날 팀 구성원의 움직임, 상대 선수의 상황 등을 머리에 입력하면서 이미지를 부풀린다. 이 작업은 불필요한 듯 보이지만 이후에 시합을 진행하는 과정에서 도움이 된다.

마찬가지로 일에서도 갑자기 작업에 착수하는 것이 아니라 그날 컨디션을 포함해 하루에 해야 할 일

전체의 이미지를 머릿속에 그리자. 이미지가 그려지면 손이 움직이기 시작한다. 행동할 수 있는 것이다.

이미지 만들기는 의식적이 아니라 무의식적으로 이루어져야 한다는 점이 중요하다. 의식해야만 할 수 있는 작업이라면 잠재의식이 적절하게 작용하지 못한다. 현재의식顯在意識이 전면에 나서고 잠재의식은 후퇴해버린다. 그렇기에 아무 생각 없이 행하는 루틴이 매우 중요하다.

의욕이 생기지 않을 때는
목표치를 낮춘다

심리학 실험을 통해서도 잘 알려진 내용인데, 사람이 의욕을 느끼려면 일단 작업에 착수하는 것이 가장 좋은 방법이다. 의욕이 솟았을 때 작업을 시작하는 것이 아니라 작업하는 도중에 의욕이 서서히 생겨 기분이 고양된다는 것이다.

작업에 어느 정도 몰두해야 의욕을 느낄 수 있는지도 밝혀졌다. 음향기기 회사 GN넷컴재펜GN Netcom Japan의 조사에 따르면 집중하기까지 걸리는 시간은 평균 23분이라고 한다.[25] 즉 집중까지는 약 25분의 시간이 걸리며 그때까지 작업을 지속하는 것이 중요하다. 이를 바탕으로 일에 의욕이 없을 때 어떻게 해야 좋을지 고민하는 사람에게 "일단 일을 시작한 뒤 23분 동안 지속하라."고 조언할 수 있다. 23분만 지속하면 의

욕이 생기기 때문이다. 뭔가 성의 없는 대답처럼 느껴
지지만 이것이 진실이다.

그래도 의욕이 생기지 않을 때는 착수하는 작업
의 목표를 조금씩 낮추어보자. 컴퓨터로 글을 써야 할
일이 있다고 하자. 그러나 의욕이 생기지 않는다. 그
럴 때 무리해서 '4,000자만 쓰자'고 하기보다 우선 제
목을 생각하는 쪽으로 목표를 낮추는 것이 좋다. 그리
고 워드 파일을 새롭게 작성해 파일에 이름을 붙여 저
장하면 압도적으로 목표가 낮아진다. 여기에 컴퓨터를
켜고 책상을 마주해 의자에 앉는다, 책상을 청소한다,
책상의 조명을 켠다는 정도까지 목표를 낮추면 아무리
의욕이 없더라도 즉시 실행할 수 있다.

여러 종류의 일이 있다면 반드시 간단한 쪽부터
끝내야 한다. 목표가 낮기 때문이다. 그렇게 일단 실행
한 뒤 기세를 타게 되었을 때 비로소 어려운 일에 착수
하자. 이 원칙을 알고 있기만 해도 의욕을 적절하게 조
절할 수 있다.

스트레칭으로 머리를 재가동한다

일을 하다가 집중력이 떨어졌을 때도 다시 의욕을 불러일으키는 스위치가 필요하다. 컴퓨터로 여러 작업을 한꺼번에 하다가 작동이 느려져 재가동하는 것과 비슷하다. 사람에 따라서는 집중력이 떨어졌을 때 편의점에 가거나 커피를 마시고 잠깐 산책하는 등 기분을 바꾸기 위해 다양한 행동을 하기도 한다. 일단 일에서 벗어나 몸을 움직이고 두뇌에 자극을 주는 것이다.

재택근무라면 집에서 가벼운 운동도 가능하다. 사무실에서는 어렵지만, 집에서라면 요가 매트를 깔고 가볍게 스트레칭을 할 수도 있다.

잠재의식이야말로 사람의 기본 소프트웨어다. 의식적으로 하는 작업은 그 위에서 실행되는 워드나 엑셀 프로그램 같은 각종 애플리케이션, 즉 현재의식이

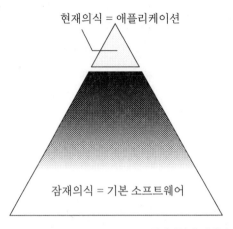

현재의식 = 애플리케이션

잠재의식 = 기본 소프트웨어

현재의식과 잠재의식의 관계

다. 현재의식의 처리 속도는 소프트웨어의 상태에 의
존한다. 같은 작업을 하고 있어도 소프트웨어 상태가
좋으면 집중이 되어 속도가 올라가고, 소프트웨어 상
태가 나쁘면 느려져 일이 진행되지 않는다. 잠재의식
을 재가동하려면 의식적인 사고가 아니라 무의식적인
신체적 활동이 중요하다. 몸을 움직여 머리를 일단 비
우는 등 나름대로 재가동 스위치를 작동해야 한다.

포모도로 테크닉과 좌선

집중해서 일하기 위한 좋은 방법으로 '포모도로 테크닉Pomodoro Technique'이 있다. 25분 집중하고 5분 쉬는 과정을 반복하는 단순한 것이다. 25분 만에 찾아오는 마감 시간은 일의 집중력과 연결된다. 포모도로는 이탈리아어로 토마토를 의미한다. 마치 토마토처럼 생긴 주방 타이머로 시간을 측정한다는 데서 이런 이름이 붙었다. 이 원고도 포모도로 테크닉을 기반으로 썼다.

　25분이라는 시간을 측정하는 데는 스마트 워치가 편리하다. 나는 애플워치 화면에 타이머 아이콘을 배치해 언제든 바로 25분 타이머를 시작할 수 있도록 해놓았다. 타이머는 진동 모드로 설정되어 있어 소리가 울리는 스마트폰 타이머와 달리 진동으로 25분을 알려준다. 주변에 피해를 주지 않고 시간을 관리할 수 있다.

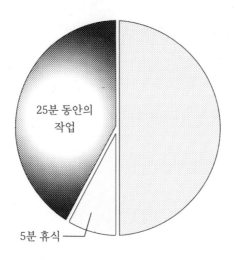

집중해서 일을 할 수 있는 포모도로 테크닉

그렇다면 왜 25분이 집중력에 효과적인가? 잠재의식은 기본적으로 대뇌 변연계邊緣系의 작용이다. 불안, 슬픔, 기쁨 등 다양한 감정과 타인의 감정에 대한 공감, 기억 등을 담당한다. 갑자기 밀려오는 불안감에 휘둘리거나 기쁨을 감추지 못해 표정에 드러나듯 대뇌 변연계의 작용은 의식적으로 조절하기 어렵다. 집중력을 스스로 조절할 수 없는 이유도 이런 원리 때문이다. 불교의 좌선坐禪 등은 이런 대뇌 변연계의 작용에 휘둘리지 않기 위한 수행이라고 할 수 있다.

수행을 하지 않고도 대뇌 변연계를 적절하게 조절하려면 대뇌 변연계의 역할이 무엇인지 생각해보아야 한다. 대뇌 변연계는 대뇌 신내질과 비교하면 구식인 뇌이며 생물이 살아남기 위한 본능적 기능을 수행한다. 주변에 존재하는 위험물을 살피고 회피하기 위해 감정이 효과적으로 기능하도록 유도하는 것이다.

그렇게 생각하면 25분이라는 데드라인은 말 그대로 생사를 가르는 경계선으로 기능하며, 잠재의식에서 위기감을 양성해 자신을 가동하는 효과를 발휘한다고 할 수 있다. 포모도로 테크닉을 활용하면 우리는 25분마다 한번 죽음을 맞이했다가 재탄생한다. 생사의 경계인 데드라인으로 고도의 집중력을 끌어낼 수 있다.

레코딩 업무 기술이 주는 순환 효과

나는 포모도로 테크닉과 함께 아웃풋의 양도 기록하고 있다. 책을 쓰는 경우 집필한 글자의 수를 엑셀 파일에 기록한다. 그렇게 하면 조금 전 25분 동안 제대로 집중했는지 아닌지 즉시 알 수 있다.

나는 대체로 25분에 1,000자를 기준으로 삼는다. 그 숫자를 넘으면 집중했다는 증거다. 한동안 자신이 섭취한 음식물과 칼로리를 기록해 식생활을 개선하는 레코딩 다이어트Recording Diet가 유행했다. 나는 그 이름에서 따와 이 방식을 '레코딩 업무 기술'이라고 부른다.

미국 심리학자 미하일 칙센트미하이Mihaly Csikszent mihalyi는 사람이 고도로 집중해 주변을 전혀 신경 쓰지 않게 되는 이른바 '몰입flow 상태'가 어떤 식으로 발생하는지에 관한 연구로 유명하다. 예를 들어, 운동선수가 집중 상태가 되면 관중의 함성이 전혀 들리지 않는 무無의 상태가 된다고 한다. 그런 집중 상태에 들어가면 힘이 넘치고 피로를 느끼지 않으며 원하는 대로 몸이 움직인다.

몰입 상태로 들어가기 위한 조건 가운데 하나가 즉각적인 피드백이다. 실행한 일의 결과가 즉시 나타나면 사람은 점차 집중하게 된다. 게임 등이 적절한 예인데 제대로 대응했는지 즉시 그 결과를 알 수 있기 때문에 점점 빠져든다. 이 레코딩 업무 기술은 직전 25분 동안 집중한 결과를 바로 기록하는 것이다. 지금 이 글을 쓴 25분 동안 나는 1,029자를 작성했다. 나쁘지 않은 수치다.

재택근무에서는 몰입 상태로 들어가는 것이 생산성을 좌우하는 매우 중요한 열쇠다. 사무실이라면 주변에 사람들이 있어 말을 걸어오거나 전화가 걸려오기 때문에 몰입 상태로 들어가기 어렵다.

내가 재택근무를 하면서 대량의 아웃풋을 할 수 있는 것은 사무실에서는 불가능한 몰입 상태로 들어갈 수 있기 때문이다.

오후 3시를 마감 시간으로 정한다

몰입 상태로 들어가는 방법은 몇 가지가 더 있다. 앞에서 소개한 즉각적인 결과 기록에 더해 '시간적인 제약'을 만드는 것이다. 포모도로 테크닉에서도 언급한 마감 시간 효과다.

재택근무를 할 경우 정해진 점심시간도 없고 시간의 구분이 명확하지 않다. 회의도 줄어 시간 제약을 받을 일도 없다. 업무 마감 시간도 애매해진다. 따라서 마감 시간이라는 개념이 사라진다. 문득 정신을 차리고 밖을 보니 밤이 되었는데 일은 끝나지 않은 그런 비참한 상황에 빠지기도 한다. 재택근무를 하며 의식적으로 마감 시간을 설정하지 않으면 시간의 구분이 점점 불명확해진다. 포모도로 테크닉은 25분마다 찾아오는 마감 시간의 압박으로 집중력을 높이는 구조다.

포모도로 테크닉뿐 아니라 하루 동안에 꽤 긴 휴식 시간도 도입해야 한다. 점심시간에는 반드시 휴식을 취해야 하고 오후 3시의 휴식도 중요하다. 점심 식사를 마친 뒤에는 일시적으로 생산성이 떨어진다. 섭취한 음식을 소화하기 위해 위장에 혈액이 집중되기 때문에 아무래도 정신이 멍해지기 때문이다. 그 상태가 오래 지속되지 않도록 오후 3시에는 반드시 휴식을 취한다.

그런 식으로 오후 3시를 마감 시간으로 설정하면 작업에 집중할 수 있다. 휴식에 들어가는 시간을 마감 시간으로 잡고 그 시간까지 끝내겠다고 생각하면 부담 없이 작업을 진행할 수 있고 점심시간 이후의 나른함을 최소한으로 줄일 수 있다.

그 밖에도 30분 지나 편의점에 간다거나 한 시간 뒤에 쓰레기를 버리러 가는 방식으로 간헐적 마감 시간을 정하는 방법도 효과적이다. 외출하면 일을 할 수 없다. 일할 수 없는 상태를 만들면 일하는 시간을 확실하게 구분할 수 있게 되고 마감 효과도 높아진다.

근무 시간표를 만든다

학교에는 시간표가 있다. 초등학교, 중고등학교, 대학
마다 공부 시간과 쉬는 시간이 정해져 있다. 재택근무
에서도 이런 시간표 만들기를 권한다.

　시간 단위는 두 번의 포모도로 테크닉과 휴식을
포함해 1시간 정도가 좋다. 같은 작업을 오래 지속하
면 질리기 때문에 시간표에 맞춰 작업을 마쳐야 한다.
오전 2회, 오후 4회 정도로 시간을 구분할 수 있는데,
여기서 중요한 것은 한 번에 한 가지 일에 집중한다는
것이다. 여러 프로젝트를 진행할 때도 한 단위의 시간
에는 하나의 일에만 집중해야 한다. 국어 시간에 수학
을 생각하지 않는 것과 같다. 일에 집중하지 못하는 사
람은 결국 잡념에 빠져 일에 초점을 맞추지 못한다. 그
런 일이 발생하지 않도록 시간표를 만들자.

시간표를 잘 짜면 일이 점차 다양해진다. 나는 본업인 기업 컨설팅 이외에 지역 활성화 작업, 대학원 강의, 박사학위 논문 집필과 같은 대학원 공부, 서적 집필, 사단법인 운영, 밴드 활동, 노가쿠 연습 등 학교의 교육 과정처럼 다양한 과목에 도전하고 있다.

중요한 것은 이것들을 동시에 실행하지 않는다는 점이다. 반드시 하나하나 집중하면서 실행한다. 물론 각각의 대상에 여러 불안 요소가 있지만, 그런 불안감은 일단 잊어버리고 현재 눈앞에 있는 과제에 전력 투구해야 한다.

1교시	조회 보고, 연락
2교시	국어 서류 작성
점심시간	
3교시	면담 회의
4교시	산수 엑셀 파일 작성
5교시	체육 산책
6교시	사회 정보 수집

시간표 작성

아침은 아웃풋, 저녁은 인풋,
수면 중에는 문제 해결

시간대에 따라 작업 내용도 바꾸어야 한다. 기본적으로 오전에는 아웃풋을 권한다. 머리가 맑고 피로감이 없는 상태이기 때문에 속도를 내서 아웃풋을 할 수 있다. 점심시간 전까지 한 차례 일을 끝낸다는 기분으로 착수하면 마감 효과도 발휘할 수 있다.

'아사메시마에朝飯前[26]'라는 말이 있듯이 때로는 아침 식사 전에 일을 끝내는 경우도 있다. 경험상 아침에 일어난 직후에 아이디어가 잘 떠오르는 편이다. 그래서 종종 머리맡에 메모지를 두고 잠을 자는 사람도 있다. 나 또한 아침에 일어났을 때 괜찮은 아이디어가 떠오르는 경우가 꽤 많다. 반대로 저녁에는 인풋을 권한다. 아웃풋보다는 책, 인터넷, 동영상 시청 등 수동적인 인풋이 편하다.

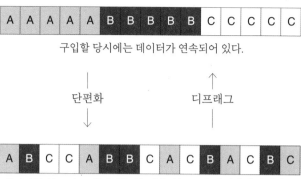

구입할 당시에는 데이터가 연속되어 있다.

단편화

디프래그

데이터를 읽고 쓰고 삭제하는 등 사용하는 동안 단편화가 발생한다.

뇌에도 발생하는 디프래그[27]

실리콘밸리에서 인턴으로 있을 때 다양한 기업과 인터
뷰를 했다. 그 가운데 어느 IT 벤처기업 최고기술책임
자CTO의 이야기가 특히 인상적이었다. 나는 그가 꽤
늦은 시간까지 일할 것으로 생각했는데 그는 저녁이
되면 바로 퇴근해 집에서 저녁 시간을 보낸다고 했다.
물론 모든 사람이 그런 것은 아니다. 늦은 시간까지 일
하는 사람도 많았다. 그러나 저녁까지 아웃풋에만 매
달리면 엄청난 피로감을 초래해 생산성이 떨어진다.
아웃풋을 하는 시간은 짧을수록 효율적이다.

한편 수면 중에는 문제를 해결할 수 있다. 고민이 있더라도 머리를 비우고 잠자리에 들었다가 다음 날 아침에 눈을 뜨면 신기하게도 그 고민이 해결되어 있거나 해결할 방법이 떠오르는 경우가 있다.

뇌는 잠들어 있는 사이에 머릿속을 정리한다. 그 정리 과정이 꿈이 되어 나타난다. 낮의 사건이 다양하게 형태를 바꾸어 나타나는 꿈은 이른바 뇌의 디프래그defrag다. 디프래그란 하드디스크에 잇달아 저장되면서 단편화된 데이터를 재정리하는 작업이다. 인간의 기억도 마찬가지로 뿔뿔이 흩어져 있는데 그것을 통합하는 작업이 이루어진다.

그래서 나는 잠들기 전에 일부러 고민을 입력하는 경우도 있다. 잠을 자는 동안에 해결되기를 바라는 것이다. 하지만 걱정이 많은 사람이 고민하다 쉬이 잠들지 못하는 위험성도 있어 권하고 싶지는 않다.

시간 공제로 파킨슨 법칙을 피한다

영국 역사학자 노스코트 파킨슨Northcote Parkinson은 '파킨슨의 법칙Parkinson's law'을 제기했다. 제1 법칙은 일의 완성을 위해 주어진 시간을 모두 충족할 때까지 그 일의 양은 늘어난다는 것이다. 이것은 영국의 관료제를 관찰하는 도중에 발견한 법칙으로 계속해서 팽창하는 공무원의 업무량을 비판하기 위한 것이었다.

　이 법칙은 재택근무를 포함해 모든 일에 적용할 수 있다. 어떤 일을 끝내는 데 3시간이 걸린다고 하면 3시간을 모두 소비할 때까지 일의 양은 증가한다. 실제로 30분이면 끝낼 일도 주어진 3시간을 모두 사용하는 업무 처리 방식을 이용한다. 이 법칙을 재택근무에 적용하면 개인 시간을 포함한 '주어진 시간'을 모두 충족할 때까지 일이 늘어나는 결과가 나온다. 아무런

월	화	수	목	금
	나와의 약속 시간			
				나와의 약속 시간
나와의 약속 시간			나와의 약속 시간	

미리 공제한 시간

대책도 세우지 않고 그대로 진행할 경우 개인 시간도 모두 일에 침식당한다.

그런 비참한 결과가 나오지 않도록 하려면 일에 사용하는 시간을 줄여 '주어진 시간'을 축소해야 한다. 저축과 마찬가지로 시간이 '공제'되도록 스케줄을 짤 때 미리 근무 시간을 줄여두는 방법이다. 가령 취미 생활을 하는 시간을 확보하거나 영어 회화 등 자기 계발을 할 시간을 스케줄에 포함하고 매일 운동하는 시간을 넣는 것이다. 그런 시간은 만약 일을 제시간에 끝내지 못한다거나 문제가 발생해 대응해야 할 때 완충재로 기능한다. 시간을 100% 사용하다 보면 그런 상황에 적절하게 대응할 수 없다.

나는 이 공제에 자신이 있다. 지금도 낮 근무 시간에 기타 수업을 넣거나 영어 회화 수업을 받고 대학 리포트를 쓰며 서적 집필도 한다. 이런 식으로 시간을 공제하다 보면 때에 따라서는 일하는 시간이 1시간도 되지 않을 때도 있다. 그럴 때는 최대한 그 시간 안에 일을 끝내려고 노력한다.

이처럼 스케줄에 공제하는 시간을 포함하는 것을 '나와의 약속'이라고 부른다. 약속은 타인과의 관계에서 당연히 중요한 것이지만 그 타인에게 시간을 빼앗기기 전에 우선 자신에게 필요한 시간을 확보해두어야 한다. 즉 자신과의 약속을 가장 우선시하는 것이다. 이것이 없으면 타인의 요구에 120% 대응하게 되어 결국 자신을 위한 시간은 확보하지 못하고 일의 폭도 넓어질 수 없다.

업무 내용에 맞춰 장소를 바꾼다

집중력이 지속되지 않는 원인 가운데 하나는 계속 같은 장소에서 일한다는 것이다. 그렇다면 작업 장소를 바꾸는 것도 한 가지 방법이다. 시간표에 포함해 한 시간째는 카페에서 일하고 두 시간째는 도서관, 세 시간째는 집에 돌아오는 방식으로 집중력이 떨어지는 타이밍에 맞춰 이동하면서 작업하는 것이다.

집에도 일할 수 있는 곳을 몇 군데 마련해두고 시간에 따라 장소를 바꾸는 것도 좋은 방법이다. 거실에서 작업하다 질리면 베란다의 야외 카페에서 아이디어를 내자. 주방에서 서서 작업하고 마지막에는 소파에서 여유 있게 자료를 훑어보는 것이다. 작업에 어울리는 장소, 아이디어를 떠올리기에 어울리는 장소, 인풋에 어울리는 장소 등을 구분해 이용한다.

내 딸은 화장실에 앉아 전자책을 읽는데, 이처럼 혼자만의 공간으로 화장실을 활용할 수도 있다. 욕조에 앉아 방수가 되는 전자책을 읽으며 정보를 얻는 방법도 있다. 집 안에도 사실은 몇 가지 작업 장소가 있다. 그리고 각 장소에 따라 어울리는 작업 내용이 있다.

환경 개선과도 관련되는데, 장소마다 어울리는 일이 있다. 그러나 사무실에는 원칙적으로 자기 자리밖에 없다. 재택근무라면 어디에서 어떤 일을 하면 순조롭게 진행되는지 알아볼 수 있다. 장소를 선택할 수 있다는 점도 재택근무의 커다란 장점이다.

일단 70%를 완성으로 보고
자주 업데이트한다

재택근무의 배경에는 변화에 대한 대응이 존재한다. 뷰카VUCA[28]라는 불확실성의 시대에는 본질적으로 장소뿐 아니라 일하는 방법이나 조직의 존재 그리고 일도 외부 환경의 변화에 맞춰 유연하게 대응해야 한다.

일하는 방식으로 말한다면, 결과를 예측하기 어려운 상황에서 너무 높은 완성도를 지향하는 것은 좋은 방법이라고 할 수 없다. 상황이 바뀔 수도 있기 때문이다. 오히려 진행 도중에 상황에 맞추어 업데이트하는 일 처리가 바람직하다.

애플리케이션을 개발하는 과정에서는 먼저 베타 버전beta version을 출시한다. 베타 버전으로 발표한 뒤 유저들이 사용해보고 불만이 나왔을 때 그 불만들을 해결해 완성하는 것이다. 처음부터 완성하면 나중에 변경이 어렵기 때문에 변화에 유연하게 대응할 수 없다.

미국 전기 자동차 회사 테슬라^{Tesla}는 업데이트를 자주 하는 것으로 잘 알려져 있다. 구입한 이후에도 프로그램이 개선되고 기능이 추가된다. 기존의 자동차처럼 판매 시점부터 점차 고루해지는 것이 아니라 꾸준히 최신 기능으로 개선되는 것이다. 고급 디지털 카메라도 그렇다. 처음에는 장착되어 있지 않던 기능이 나중에 업데이트로 추가된다. 자동차, 카메라뿐 아니라 일하는 방식에도 이런 업데이트가 필요하다. '업데이트 업무 기술'이라고도 부를 수 있다.

나도 10년 이상 업데이트해온 다양한 기업 연수와 같은 프로그램이 있다. 하지만 아직도 개선할 필요성을 느껴 완벽을 지향하면서 매일 조금씩 개선해나간다. 재택근무에서 완성도는 매우 중요한 문제다. 완벽을 지향해 시간을 낭비하면 개인 시간이 점차 사라진다. 나름대로 완성도의 기준을 낮추어 두지 않으면 '완벽주의자'일수록 무너지기 쉽다. 일은 마라톤과 비슷하다. 아주 가끔 전속력을 내더라도 기본적으로는 오랜 시간 달린다는 전제 아래 완만한 속도로 달려야 도중에 포기하지 않는다.

회의 중에 제안한다

상황에 맞추어 일하는 방식을 바꾸는 것은 '프런트 로딩front loading'을 전제로 한다. 이는 프로젝트 전반부에 약간 부하를 높이는 방식이다. 초기라면 변경하는 시간에도 여유가 있기 때문에 이 단계에서 문제를 발견할 경우 충분히 대응할 수 있다. 프레젠테이션 작성을 예로 들어보자. 첫 단계에서 50% 정도의 완성도를 만들어두고 이후 서서히 완성도를 높여가는 것이다. 50% 정도 완성한 단계에서는 어떤 정보가 부족하고 무엇을 조사해야 하는지 살펴볼 수 있다. 납품까지 아직 시간이 있기 때문에 충분히 대응 가능하다.

　최고의 프런트 로딩은 단계에서 제안하는 것이다. 클라이언트에게 의뢰를 받는 자리에서 내용을 들으며 "그러니까 이러이러한 말씀이지요?"라고 다듬어

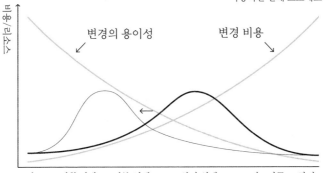

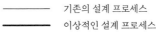

——	기존의 설계 프로세스
——	이상적인 설계 프로세스

변경의 용이성   변경 비용

비용/리스크

조사 → 기획 설계 → 기본 설계 → 실시 설계 → 조달 → 시공 → 관리

지지 않은 아이디어를 제시하자. 간단한 콘셉트나 디자인 이미지는 그 자리에서 바로 제안하는 게 좋다.

디자이너 사토 오오키佐藤ォォキ도 협의를 할 때 클라이언트와 대화를 나누며 아이디어를 제안한다. 그리고 그 자리에서 20-30개의 아이디어를 도출하고 3-5개까지 압축한다.[29] 이것은 상대방의 기대치를 조절하는 데 도움이 된다. 그 자리에서 제안했기 때문에 당연히 완벽할 수 없고 때론 거칠게 느껴질 수도 있다.

만약 의뢰 내용을 집으로 가져와 한 달 뒤 제안하

게 될 경우 클라이언트의 기대치는 높아질 수밖에 없다. 그러면 작업에 대한 부하가 상당히 커진다. 완벽주의자가 아니라고 해도 일정 수준 이상의 제안을 해야 한다는 압박감을 느낄 수밖에 없다.

이것은 재택근무라기보다 개인사업자로 일할 때 유용한 방법일지도 모른다. 대기업이라면 일단 회사로 돌아와 의논하고 아이디어를 짜낼 수 있다. 그 정도로 시간도 자원도 풍부하기 때문이다. 회사로 돌아와 다른 직원에게 일을 건네면 오히려 자신의 시간을 확보할 수 있다. 하지만 개인사업자로 활동하다 보면 원칙적으로 자원은 자기 자신뿐이다. 그럴 경우 제안에 대한 부담이 커질수록 내 시간은 사라진다. 나아가 그 제안이 상대방의 기대에 미치지 못할 경우 거기에 소비한 시간도 무의미해진다.

인풋의 날을 정해놓고
자신을 연구·개발한다

나는 회사를 그만둔 이후 의식적으로 '인풋하는 날'을 정해놓고 실행한다. 그날은 일하지 않고 오직 새로운 미지의 정보만 입력한다. 그것도 본업인 사업과는 직접 관계가 없고 도움이 될지도 확실히 알 수 없는 정보다. 예를 들어 미술관에 가서 평소에는 보지 않는 예술을 접하거나 유명한 장소에 놀러 가 시야를 넓히는 것이다. 이것을 나는 '자기 연구·개발'이라고 부른다.

어떤 회사든 수익을 올리는 본업과는 별도로 미래에 새로운 사업을 창출해낼 수 있는 연구·개발을 실행한다. 그렇게 하지 않으면 미래의 환경 변화에 적절하게 대응하지 못해 사업이 한 세대 만에 막을 내릴 우려가 있기 때문이다.

흔히 회사나 사업의 수명은 40년이라고 한다. 일

단 비즈니스 모델을 확립한 사업이라고 해도 40년 정도가 지나면 시대에 뒤쳐져 쇠퇴 산업이 된다. 변기 등 위생도기로 출발한 토토TOTO라는 기업은 처음 40년은 욕조와 주방 그다음 40년은 비데 제품인 워시렛Washlet으로 사업을 전개하고 있다. IT 산업은 40년은 고사하고 3년이면 완전히 상황이 바뀐다. 그런 변화에 대응하기 위해서도 연구·개발은 매우 중요하다.

개인도 마찬가지다. 재택근무를 하는 사람보다는 독립한 개인사업자를 위한 조언이다. 회사에서 근무하면 사원 교육 등은 회사가 지원해준다. 그러나 독립한 이후에도 회사에서와 같은 기분으로 있으면 자기 계발을 할 시간이 전혀 없어 차츰 시대에 뒤떨어지게 된다.

구글이 일찍이 근무 시간의 20%를 자신의 프로젝트에 자유롭게 사용해도 좋다는 제도를 도입했듯 근무 시간의 20% 정도는 자기 연구·개발에 투자해야 한다. 그래서 '인풋하는 날'을 설정하는 것이다.

뉴턴 시간과 베르그송 시간

시간에는 두 종류가 있다. 하나는 객관적이고 절대적인 뉴턴 시간, 다른 하나는 주관적이고 상대적인 베르그송 시간이다.

　영국 물리학자 아이작 뉴턴Isaac Newton은 만유인력의 법칙을 발견한 것으로 유명하다. 그 근저에 존재하는 원리에 시간과 공간은 절대적이며 물체는 엄밀한 인과 관계에 따라 운동한다는 것이다. 뉴턴의 관점에서 시간은 외부의 영향을 받지 않고 균일하게 흐른다.

　한편 프랑스 철학자 앙리 베르그송Henri Bergson은 뉴턴과 달리 시간에 일련의 흐름을 가진 것으로 포착했다. 분할하거나 정량적으로 측정할 수 없는 주관적인 시간을 가정한 것이다. 하기 싫은 일을 할 때의 10분은 영원처럼 느껴지지만 즐거운 일을 할 때의 시간은 순식간에 지나간다. 이때 느껴지는 시간이 베르그송 시간이다. 베르그송은 이러한 의식의 흐름을 '지속'이라고 불렀다. 음악을 1초씩 분할해 들으면 그 즐거움을 느낄 수 없듯 시간에도 연속적인 흐름이 있어야 느껴진다는 것이다.

산업혁명 이후의 노동은 늘 객관적으로 측정할 수 있는 뉴턴 방식을 좇아 시간에 따라 급여가 계산되었다. 아르바이트는 시급으로 계산되고 회사원 역시 늦게까지 일하면 야근 수당을 따로 받는데, 그 바탕에는 시간을 기준으로 삼는 급여 계산이 존재한다. 출근해서 타임카드를 찍는 이유도 그런 뉴턴 시간을 계측하기 위한 것이었다.

재택근무 시대의 노동은 뉴턴 방식으로는 시간을 측정할 수 없다. 재택근무는 사무실에 있는 것과 달리 정말로 일을 하는지 파악하기 어렵기 때문에 아무래도 일의 성과를 토대로 평가한다. 그 성과를 내기 위해 10분을 소비했든 10시간을 소비했든 동등하게 평가하는 것이다. 바꾸어 말하면 사무실에서 성과도 올리지 못하면서 일하는 척 뉴턴 시간이 흐르기만 기다렸던 사람은 앞으로 설 자리를 잃을 것이다.

재택근무에서는 뉴턴 방식의 스케줄 관리가 더 이상 의미 없다. '지속'을 낳을 수 있는 베르그송 시간을 기준으로 농밀한 시간을 보내기 위해 시간을 관리하고 자신의 의욕 스위치를 켤 수 있는 시간 사용 방법이 빛을 발한다.

재택근무에서 가장 우려되는 것이 팀 내부의 소통이다. 지금까지 같은 사무실 바로 옆자리에서 일했던 사람들이 각각의 장소에서 일하게 되기 때문이다. 따라서 이전처럼 소통이 제대로 가능할지 불안할 수밖에 없다.

그러나 같은 사무실에서 일한다고 해서 정말로 긴밀한 소통이 이루어졌을까? 옆자리에 앉아 있기는 했지만 사실은 소통이 전혀 이루어지지 않았던 것은 아닐까. 어쩌면 재택근무가 소통을 더 긴밀하도록 만들어주지 않을까?

그런 가능성을 발견하는 커뮤니케이션 HACK을 소개한다.

커뮤니케이션 HACK

팀 전체가 연대해
프로젝트를 수행한다

재택근무를 할 때 전화 연락은 피한다

사무실에서 근무하면 즉시 정보를 공유할 수 있다. 몇 마디 대화만 나누면 되기 때문에 정보 공유를 위해 특별히 시간을 만들 필요가 없다. 잠깐 시간이 있는지 말을 걸고 대화를 나누면 끝이다.

그렇지만 재택근무는 상황이 다르다. 사무실에서 근무하듯이 자주 전화를 걸어 대화하면 해결되지 않을까? 그렇지 않다. 재택근무를 할 때 전화는 정보 공유의 의미에서 매우 비용이 많이 드는 소통 수단이다. 두 사람만의 대화로 한정되어 그 정보를 다른 사람이 알 수 없기 때문이다. 다른 사람과 정보를 공유하려면 또 전화를 걸어야 한다.

두 사람만의 기밀 사항이라면 모르겠지만 다른 사람도 알아야 할 정보라면 공유하기가 매우 어렵다.

사무실에서는 다른 사람도 불러 그 자리에서 간단히 공유할 수 있지만, 재택근무에서는 불가능하다. 대화는 그 시간, 그 타이밍에 참가하지 않으면 정보를 공유할 수 없는 소통 도구다. 사무실처럼 다수가 시간과 공간을 공유할 때는 좋은 수단이지만, 공유할 수 있는 사람이 한정될 때는 매우 효율성이 낮다.

그런 점에서 인터넷 그룹 채팅은 디지털 데이터이기 때문에 즉시 많은 사람과 공유할 수 있다. 그룹에 참가하기만 하면 두 사람이 주고받는 내용을 다른 사람도 볼 수 있고 상황을 파악할 수 있다. 메시지를 보냈을 당시에는 미처 보지 못했다고 해도 시간이 있을 때 얼마든지 확인할 수 있다. 재택근무를 하며 전화를 이용해 각자에게 연락하면 소통은 시간에 얽매일 수밖에 없다. 장소가 자유로워진 만큼 시간에 구속당한다는 데 상당한 스트레스를 느끼게 된다.

이 책을 쓰면서 재택근무에서 발생할 수 있는 다양한 이야기를 조사해보았다. 가장 안타까운 일은 자신이 정말로 일을 하는지 확인하기 위해 상사가 전화를 걸었다는 것이었다. 이런 이야기를 우스갯소리로 여기는 시대가 올 것이다.

재택근무는 노동의 비동기화다

그룹 채팅처럼 시간을 공유하지 않아도 참여할 수 있는 미디어를 비동기 미디어라고 부른다. 인터넷 시대로 접어들어 미디어는 점차 비동기화되고 있다. 사람들은 제시간에 맞춰 봐야 하는 텔레비전 지상파와 같은 미디어에서 벗어나게 되었다. 그 대신 넷플릭스Netflix나 아마존Amazon의 프라임 비디오Prime Video 등 온디맨드on demand[30] 미디어가 발달하면서 영상을 보고 싶을 때 언제든지 볼 수 있게 되었다.

　　음악 구독 서비스는 더 혁명적이다. 최신 앨범도 수십 년 전의 음악도 동등한 대우를 받는다. 분명히 그 시절에 태어나지 않은 젊은이들이 옛 음악을 듣는 일들이 일어나고 있다. 시간이 뒤틀린 듯한 음악 청취 방법이 가능해진 것도 비동기성 덕분이다. 인간의 시간을 강제로 독점하려고 하는 동기 미디어는 불편하다. 통신 기술이 발달하지 않아 방송이라는 기술로 전달할 수밖에 없던 시대에는 그 불편함을 수용할 수밖에 없었다. 그러나 이제 불편함을 감수할 필요는 사라졌다.

그룹 채팅은 실시간으로 주고받을 수 있는 동기 미디어라는 측면을 가지고 있으면서도 언제든 내용을 확인할 수 있다는 의미에서 본질적으로 비동기 미디어다. 과거로 거슬러 올라가 대화의 맥락과 내용을 확인할 수 있다. 소통의 이력이 축적되기 때문에 과거의 대화를 언제든 확인할 수 있다. 몇 년 전의 소통에도 접속이 가능하다.

나는 나고야상과대학 비즈니스 스쿨에서 세미나를 하고 있는데 거기서는 비즈니스용 채팅 도구인 슬랙Slack을 사용하고 있다. 나고야상과대학에서는 졸업을 위해 비즈니스 사례를 작성하는데, 그 내용을 슬랙에 남긴다. 그리고 신입생은 이미 졸업한 선배들이 어떤 식으로 시행착오를 거치면서 작성했는지 몇 년 전으로 거슬러 올라가 그 내용을 확인할 수 있다.

재택근무는 그 시간에 일하고 있는지 세세하게 알 수 없다. 어떤 구성원은 아이를 돌보고 있을지도 모르고 외출을 했을지도 모른다. 그런 근무의 자유도가 재택근무의 장점이라고 할 수 있는데 거기에 전화를 걸어 강제로 일에 착수하도록 유도하는 것은 폭력적이라고 할 수도 있다. 잠깐 휴식을 취하고 있을 때 상사에게 전화가 걸려온다면 당연히 마음 편히 쉴 수가 없다. 재택근무의 매너로서 전화가 아닌 채팅을 철저하게 활용을 해야 한다.

재택근무의 본질은 '노동의 비동기화'에 있다. 함께 일하지 않아도 된다는 것은 언뜻 공간의 문제인 것처럼 느껴질 수도 있지만, 사실은 서로 엇갈릴 수 있는 시간을 허용하는 새로운 작업 방식이다. 그리고 이 비동기화는 앞으로 시차가 있는 나라와의 국제적 협력에서 매우 중요한 의미를 가지게 될 것이다.

아침과 저녁 메일로
진행 상황을 공유한다

비동기화된 노동도 호흡을 맞추는 타이밍이 필요하다. 업무 시작과 업무 종료 타이밍이다. 그때 구성원에게 메시지를 보낸다는 규칙을 정하면 비동기화된 노동에 일정한 리듬이 발생한다.

그 메시지를 '아침 메일, 저녁 메일'이라고 부른다. 이는 '일과 삶의 균형Work-Life Balance'을 추진하는 사업가 고무로 요시에小室淑惠의 아이디어로, 아침에 하루 스케줄과 내용을 작성해 메일로 보내고 저녁에는 하루를 돌아본다는 단순한 소통 규칙이다.

재택근무는 '행동 관리 HACK'에서도 언급했듯이 시간을 나누지 못해 일을 질질 끌게 될 위험성이 있다. 아침 메일, 저녁 메일을 보내면 스스로 시간을 나눌 수 있고 팀 전체가 작업을 일단락해 쓸데없이 시간

부서에 메일링 목록이나 공통된 메일 주소록이 있으면 정보 공유가 편하다.

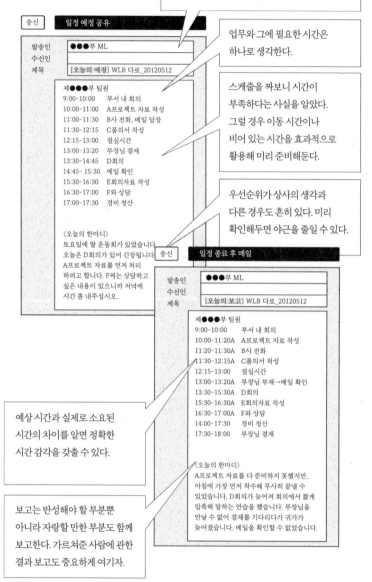

업무와 그에 필요한 시간은 하나로 생각한다.

송신 일정 예정 공유

발송인 수신인 제목	●●●부 ML
	[오늘의 예정] WLB 다로_20120512

제●●●부 팀원
9:00-10:00　　부서 내 회의
10:00-11:00　A프로젝트 자료 작성
11:00-11:30　B사 전화, 메일 담장
11:30-12:15　C품의서 작성
12:15-13:00　점심시간
13:00-13:20　부장님 결재
13:30-14:45　D회의
14:45- 15:30　메일 확인
15:30-16:30　E회의자료 작성
16:30-17:00　F와 상담
17:00-17:30　경비 정산

〈오늘의 한마디〉
토요일에 딸 운동회가 있었습니다.
오늘은 D회의가 있어 긴장됩니다.
A프로젝트 자료를 먼저 처리하려고 합니다. F씨는 상담하고 싶은 내용이 있으니까 저녁에 시간 좀 내주십시오.

스케줄을 짜보니 시간이 부족하다는 사실을 알았다. 그럴 경우 이동 시간이나 비어 있는 시간을 효과적으로 활용해 미리 준비해둔다.

우선순위가 상사의 생각과 다른 경우도 흔히 있다. 미리 확인해두면 야근을 줄일 수 있다.

송신 일정 종료 후 메일

발송인 수신인 제목	●●●부 ML
	[오늘의 보고] WLB 다로_20120512

제●●●부 팀원
9:00-10:00　　부서 내 회의
10:00-11:20A　A프로젝트 자료 작성
11:20-11:30A　B사 전화
11:30-12:15A　C품의서 작성
12:15-13:00　점심시간
13:00-13:20A　부장님 부재→메일 확인
13:30-15:30A　D회의
15:30-16:30A　E회의자료 작성
16:30-17:00A　F와 상담
14:00-17:30　경비 정산
17:30-18:00　부장님 결재

〈오늘의 한마디〉
A프로젝트 자료를 다 준비하지 못했지만, 아침에 가장 먼저 착수해 무사히 끝낼 수 있었습니다. D회의가 늦어져 회의에서 짧게 압축해 말하는 연습을 했습니다. 부장님을 만날 수 없어 결재를 기다리다가 귀가가 늦어졌습니다. 메일을 확인할 수 없었습니다.

예상 시간과 실제로 소요된 시간의 차이를 알면 정확한 시간 감각을 갖출 수 있다.

보고는 반성해야 할 부분뿐 아니라 자랑할 만한 부분도 함께 보고한다. 가르쳐준 사람에 관한 결과 보고도 중요하게 여기자.

구성원끼리 시간을 공유하기 위한 아침, 저녁 메일

을 낭비할 우려를 방지할 수 있다.

아침 메일, 저녁 메일은 소통의 계기로도 활용된다. 팀 구성원이 메일을 보내면 대화가 시작된다. '메일'이라고 했지만 사실 채팅처럼 서로 문자를 보내는 형식이기 때문에 가벼운 마음으로 소통할 수 있다.

중요한 것은 이런 소통이 어디까지나 비동기로 실행된다는 점이다. 과거 회사의 아침 조례처럼 그 시간 그 장소에 반드시 있어야만 하는 것이 아니라 나중에라도 살펴보고 따라잡을 수 있기 때문에 시간과 장소에 구애를 받지 않는다. 이것이 재택근무 시대의 작업 방식이다.

소통의 형식을 만들어 오해를 피한다

소통은 사람에 따라 말하는 방법이나 전달 방법이 달라서 어렵다. 그런 차이로 발생하는 실수나 오해를 방지하기 위해 문장의 형식을 정하기도 한다. 가령 관공서에서는 세밀한 부분까지 서식이 정해져 있어 오해가 발생하지 않도록 주의를 기울인다.

슬랙이나 마이크로소프트 팀스Microsoft Teams 등 채팅 애플리케이션은 자유도가 높지만 이런 자유로운 소통이 오해를 일으키기 쉽다. 사람들이 각자 자유롭게 기술하기 때문에 읽는 부담도 커진다. 그런 폐해를 줄이기 위해 정형화된 소통 방법을 도입해야 한다. 소통의 형식을 도입하는 것이다.

구체적으로는 슬랙의 '워크플로workflow' 기능을 사용한다. 질문의 형식을 설정할 수 있어 그 형식에 답

변하고 그 서식을 이용해 전송한다. 앞에서 설명한 아침 메일, 저녁 메일 등은 형식이 정해져 있기 때문에 이 워크플로 기능을 사용해서 보낸다. 그렇게 하면 모든 구성원이 같은 형식을 사용하기 때문에 훨씬 더 편하게 읽을 수 있고 놓치는 부분도 없앨 수 있다. 아침 메일, 저녁 메일에 워크플로를 사용하는 것 이외에 전화가 걸려왔을 때 메모도 워크플로로 한다. 이렇게 하면 용건을 빠짐없이 전달할 수 있다.

33

이모티콘을 효과적으로 사용한다

소통의 형식을 정해도 역시 문장으로 하는 소통에는 한계가 있다. 언어의 미묘한 차이를 전달하기 어렵기 때문에 오해를 사게 될 가능성이 있다. 전혀 그런 느낌으로 이야기하지 않았는데도 냉정하다거나 지나치게 엄격하다, 쌀쌀맞다는 말을 듣게 되는 경우도 있다. 그런 오해를 피하기 위해서라도 이모티콘을 효과적으로 활용해 감정을 전달해야 한다.

　이모티콘을 활용하면 감사하는 마음도 적극적으로 전달할 수 있다. 얼굴을 보면서 하기는 어려운 감사 표현도 온라인에서라면 편하게 할 수 있다. 예를 들어 상대방의 말에 엄지손가락을 척 펴들고 있는 이모티콘을 하나 보낸다면 그것만으로 좋다는 의미를 충분히 전달할 수 있다.

그 밖에도 슬랙의 기능 중에는 '커스텀 이모티콘^{custom} emoji'이라는 것이 있다. 그림을 등록해 이모티콘을 추가할 수 있는 기능이다. 여기에 '알겠습니다' '그렇군요' '고생하셨습니다' '출석합니다' 등 자주 사용하는 메시지를 문자 이모티콘으로 등록해두면 구성원의 메시지에 바로 문자 이모티콘으로 대답할 수 있다.

이 커스텀 이모티콘은 이모티콘 생성 프로그램 slackemojigen.com에서 작성할 수 있다. 이 기능을 활용해 자기만의 이모티콘을 작성하고 등록해 그 회사의 문화를 만들 수도 있다.

34

채팅 채널별로 장문과 단문을
구분해 사용한다

채팅 도구를 사용하다 보면 단문 채팅이 실시간으로 계속 올라올 때가 있다. 메일과 달리 그런 가벼운 대화가 가능한 것도 채팅의 장점이다. "늘 감사합니다." "바쁘신데 죄송합니다."라며 운을 띄우는 것은 불필요하다. 그런 의미에서 그룹 채팅의 대원칙은 장문보다 단문이라고 할 수 있다.

특히 재택근무처럼 잡담이 오가지 않는 환경에서 격식을 갖춘 소통만 주고받다 보면 고독감이 느껴진다. 가능하면 가볍게 대화할 수 있는 환경을 만드는 것이 중요하다. 가령 슬랙에는 #random이라는 채널이 있으므로 그 채널에서의 가벼운 대화를 추천한다. 앞에서 소개한 아침 메일, 저녁 메일의 워크플로에는 주변 뉴스를 공유하는 'Anything New?'라는 메뉴가 있다. 소소한 자료를 바탕으로 잡담을 시작할 수 있도록 해놓은 구조다.

하지만 너무 짧은 대화가 이어지면 나중에 따라 잡기가 힘들다. 도중에 다른 내용이 입력되거나 긴 대화 내용을 거슬러 올라가 확인하는 것은 상당한 품이 든다. 정리해서 메시지를 보내주면 좋겠다는 생각이 들 수도 있다. 그럴 때는 그때까지의 내용을 총정리해 긴 문장으로 입력하는 것도 좋은 방법이다.

장문 채팅과 단문 채팅, 어느 쪽이 더 나을까? 그때그때 나누는 대화의 문맥에 따라 판단하는 수밖에 없다. '짧은 메시지 금지' '긴 메시지 금지'라고 규칙을 정하는 것도 이상하다. 권하고 싶은 방법은 채널마다 대화의 성격을 달리하는 것이다. 보고, 연락, 상담용 채널에서는 장문을, 가벼운 대화 채널에서는 단문을 이용하는 등 채널마다 문맥을 설정한다.

나는 도쿄 지유가오카自由が丘에 니라이카나이지유가오카=ライカナイ自由が丘라는 잡화점을 운영하고 있다. 그 잡화점 슬랙에서는 아침 메일, 저녁 메일이나 가벼운 대화를 나눌 때 '#general'이라는 채널을 사용하며 짧은 문장의 대화가 중심을 이룬다. 하지만 확실하게 다

음 사람에게 인계해야 하는 중요한 메시지는 '#notes'
라는 채널에 긴 문장으로 입력한다. 이렇게 채널을 구
분해 중요한 장문 메시지가 묻히지 않도록 한다.

㉟

성과를 성실하게 보고해
팀의 선순환을 창출한다

재택근무에서 발생하는 문제의 원인 가운데 하나가 '그 사람이 제대로 일을 하고 있을까?' '혹시 내가 제대로 일을 하고 있는지 의심하는 것은 아닐까?' 하는 의심과 의심의 연쇄 고리다. 성과가 오르지 않을 경우 서로에 대한 의혹과 불안은 해결되지 않은 채 불안과 불신의 악순환에 빠진다.

이런 의심의 연쇄 고리는 이른바 구조적 문제이며 개인의 문제는 아니다. 이런 구조적 문제의 특징은 아무리 선한 사람도 한번 의심에 빠지면 휩쓸리게 된다는 것이다. 이를 해결할 가장 좋은 방법은 성실한 성과 보고다.

슬랙에 "○○를 끝냈습니다."라는 보고를 올리면 "고생했습니다."라는 대답이 돌아온다. 상대방으로부터

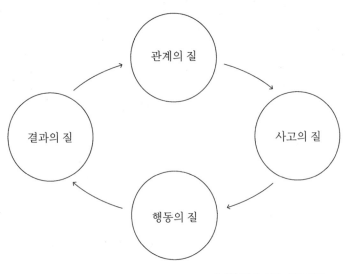

대니얼 킴의 조직 개발 모델

감사의 마음이 전해진다. 이 감사의 마음에 보답하기 위해 다시 의욕이 끓어오른다. 사소하지만 이런 대화를 통해 '그 사람이 제대로 일을 하고 있을까?'라는 의혹도 '혹시 내가 제대로 일을 하고 있지 않다고 의심하는 것은 아닐까?'라는 불안도 완전히 해소된다. 그리고 이를 통해 불안과 불신이 감사와 기쁨으로 바뀌어 안심과 신뢰의 선순환이 발생해 일의 성과도 점차 올라간다. 사무실에서 일할 때 이렇게 하나하나 보고하면

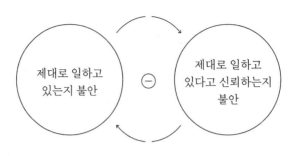

제대로 일하고
있는지 불안
─
제대로 일하고
있다고 신뢰하는지
불안

불안과 불신의 악순환

사람을 성가시게 만드는 존재라고 받아들일 수도 있지만, 재택근무를 할 때는 이런 보고야말로 서로의 심리 상태를 안정시켜 준다.

이런 선순환에 의한 조직 개발을 미국 매사추세츠공과대학교Massachusetts Institute of Technology, MIT의 대니얼 킴Daniel H. Kim 교수가 도식화했다. 이와 같은 바람직한 소통을 통해 관계의 질이 높아지면 사고의 질이 높아지고 모든 일을 긍정적이고 좋은 방향으로 생각할

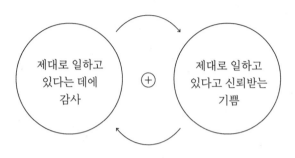

안심과 신뢰의 선순환

수 있다. 그럴 경우 행동의 질이 높아져 일을 더욱 순
조롭게 진행하게 되어 결과의 질도 높아진다.

재택근무에서 관리는 이런 순환에 따라 실행되어
야 한다. 사무실에서 압박감을 주면서 일을 시키는 20
세기 모델에서 직원은 좋은 관계를 느낄 수 없기 때문
에 점차 사고가 부정적이고 비생산적으로 향한다. 서
로 멀리 떨어져 있는 상황이기 때문에 풍요로운 관계
의 질이 해결책이 된다.

업무를 시각화, 공유화하고
일체감을 창출한다

제대로 일하고 있는지에 대한 의혹과 불신을 해소하는 방법 중에 아사나Asana와 같은 프로젝트 관리 애플리케이션을 도입하는 것도 있다. 각자 끌어안고 있는 업무를 가시화하면 각각 노력하고 있는 상태를 알 수 있기 때문에 제대로 일하는지에 대한 의심은 해결된다.

앞으로는 프로젝트 관리가 지금 이상으로 중요해진다. 지금까지는 사무실에 함께 있는 것으로 구성원의 일하는 시간을 관리할 수 있었다. 하지만 앞으로는 원격으로 대화를 주고받으며 작업 내용을 관리해야 한다. 그러나 직접적으로 일일이 '업무 관리'를 하면 관계가 답답해진다. 제대로 일하고 있는지 의혹이 고개를 치켜든다. 그 결과 관계의 질이 손상되고 마지막에는 결과의 질이 떨어져 버린다.

예전보다 분위기를 파악하기 어려운 상황에서는 '언제까지 무엇을'이라는 명확한 지시가 없으면 프로젝트는 진행되지 않는다. 그렇다고 직접적인 관리도 어울리지 않는다. 이것이 재택근무에서 프로젝트를 진행할 때 가장 큰 딜레마다. 따라서 다음 꼭지에 소개할 새로운 관리 스타일이 필요하다.

업무가 아닌 모델을 관리한다

재택근무를 하게 되면 업무 관리가 중요해진다. 그렇다고 직접적으로 업무를 관리하면 팀의 관계가 무너진다. 이 문제를 해결하기 위해서는 개인의 업무가 아닌 팀 성과를 관리하는 자세가 중요하다.

여기에서 말하는 성과 관리는 실적 관리와는 전혀 다르다. 어떤 성과를 올려야 하고 어떤 부분에 착수하면 그 성과를 올릴 수 있는지, 성과에 이르는 여정과 모델을 명확하게 하는 것이다.

그 예로 미디어 플랫폼 노트Note를 개선하기 위해 UI 디자이너 후카쓰 다카유키深津貴之가 최고경영책임자CXO로 취임해 제시한 노트의 성장 모델을 들 수 있다. 작가가 모이면 콘텐츠가 증가하고 콘텐츠가 증가하면 독자가 모인다. 독자가 모이면 시장 점유율이 높

아지고 인지도가 올라가 콘텐츠도 팔린다. 그것이 다시 작가의 증가로 돌아온다는 순환 모델이다.[31]

이 단순한 모델은 노트가 성장하기 위해 어떤 부분에 주력해야 하는지를 명확하게 제시한다. 작가의 수, 콘텐츠의 수, 독자의 수라는 요소가 핵심성과지표 Key Performance Indicator, KPI로 되어 있어 팀 전체가 각각의 숫자를 증가시키기 위해 노력한다. 동시에 그 핵심성과지표가 튼튼한 인과 관계로 연결되어 있어 하나의 숫자가 올라가면 그 인과 관계가 끊어지지 않고 선순환한다는 점이 제시되어 있다.

관리 부분에서 해야 할 일은 이런 설득력 있고 누구나 공유할 수 있는 단순한 모델을 추출하고 공유하는 것이다.

제조업에서는 이 모델을 확인하기 쉬웠다. 도요타Toyota의 생산 방식은 '후공정은 고객이다'라는 사고방식을 철저하게 지켜왔다. 부품을 만드는 담당자는 부품에 불량이 발생하지 않도록 신경 쓰면서 부품을 사용할 다음 공정이 쉬워지도록 품질을 향상해간다. 이를 통해 전체적으로 효율과 생산성을 높여갔다.

하지만 인터넷 서비스처럼 사용자의 행동을 확인

할 수 없게 되면서 스스로 공정을 완결하는 자공정(自工程)과 후공정의 관계성도 알 수 없게 되었다. '독자를 늘려 작가를 늘린다'는 노트의 성장모델은, 제조업의 후공정처럼 다음에 이어질 성과를 의식해야 한다는 것을 의미한다.

앞에서 소개한 대니얼 킴의 말을 인용한다면 관계의 질을 높이기 위해 그 관계성의 연결 상태를 가시화하는 것이다. 이것은 업무와 업무의 연결을 통해 구축되는 비즈니스 구조를 가시화하는 것이며 단독 업무를 하나하나 가시화하는 것보다 본질적이다.

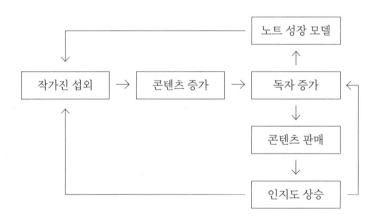

탈출 채널로 업무를 관리한다

인터넷 서비스 회사 지엠오페파보GMOペパボ는 업무 관리를 위해 슬랙, 마이크로소프트 팀스의 채널 기능을 사용해 '탈출 채널'을 실행한다.[32] 이는 전용 채널에 업무를 작성하고 해당 업무를 종료한 사람부터 '탈출'하는 방식이다. 예를 들어 '연말정산 신고서 제출'이라는 업무에 전용 채널을 만들고 그 업무를 완수해야 하는 사람을 모두 초대한다. 연말 정산과 관련된 다양한 질문도 그 채널을 통해 받고 제출이 끝난 사람부터 그 채널에서 나갈 수 있다.

이 방식을 이용하면 지금 누가 업무를 끝냈는지 일목요연하게 알 수 있다. 업무를 끝낸 사람은 채널에서 탈출해 그 일에서 해방된다. 자기와는 관계없는 일에 마음 졸이며 시간 낭비할 필요가 없어진다.

화상회의에서
유용한 스피커폰

지금까지 비동기적인 작업 방식에 알맞은 소통, 특히 업무와 관련된 방식을 소개했다. 작업 방식이 점차 비동기화되어가고 있지만 그래도 얼굴을 마주하고 대화를 주고받아야 할 때가 있다.

기존의 '보고, 연락, 상담' 방식은 비동기로 대응할 수 있다. 같은 시간대에 동기화되어야 하는 것은 아이디어를 내고 그 자리에서 결정을 내려야 하는 장소 중심의 회의다. 가령 서로에게 자극을 받으며 아이디어를 내는 브레인스토밍brainstorming은 비동기 환경에서는 시간차가 커서 즉흥성이 나오기 어렵다. 회의에서 의사 결정을 할 때는 그 자리에서 찬성과 반대를 즉각적으로 표명해야 하는데 비동기 상태에서라면 답답할 수밖에 없다. 이런 회의에서는 줌 등으로 화상회의를 한다. 원격이면서 바로 옆에 있는 것처럼 느낄 수 있는 화상회의는 재택근무의 강력한 무기다.

화상회의를 원활하게 실행하는 도구로 권하고 싶은 것이 음성과 관련된 도구다. 혼자 회의에 참석했다면 이어폰은 필수다. 가능하면 와이어리스 이어폰인 에어팟AirPod이나 에어팟프로처럼 노이즈 캔슬링 기능이 있는 것이 좋다. 주변의 잡음에 신경 쓰지 않고 상대방의 음성에 집중할 수 있다.

여러 사람이 참여한 경우엔 스피커폰을 권한다. 함께 모인 테이블 한가운데에 놓아두면 상대방 목소리도 스피커를 통해 알아듣기 쉽고 회의실에 있는 사람들 목소리 역시 마이크를 통해 깨끗하게 전달된다.

나는 GN 오디오재팬GN Audio Japan의 자브라스피크 510Jabra Speak 510을 사용한다. 블루투스로 연결 가능하므로 개인용 컴퓨터나 태블릿, 스마트폰을 이용해 멀리 떨어진 장소에서도 무선으로 접속할 수 있다. 여러 사람이 회의에 참석할 때는 카메라를 멀리 설치해야 모든 사람이 화면에 들어올 수 있다. 이때 무선으로 스피커폰만 참석자들 근처에 놓아둘 수 있으면 화상회의를 한층 더 순조롭게 진행할 수 있다.

생산적인 화상회의를 위한
회의록 중심 회의

줌의 화상회의 기능은 전화와 마찬가지로 동기성이 필
요한 미디어다. 녹화 기능도 있기 때문에 나중에 동영
상을 시청해 따라잡을 수도 있지만, 그것도 품이 든다.

그럴 경우 전화와 마찬가지로 대화 내용이 로그
log에 남지 않아 그 자리에 참석하지 못한 사람에게는
전달되지 않는다. 즉 자리에 없던 사람에게는 전달할
수 없는 것이다.

로그에 남지 않으면 공유 이외에 다른 문제가 생
긴다. 회의가 공중전이 되어버려 자리에 있는 참가자
조차 화제를 공유할 수 없다는 것이다.

사람들이 모여 서로 떠들기만 하는 대화만으로
회의를 진행하게 되면 화제에서 완전히 벗어나거나
'지금 무슨 주제에 관해서 말하고 있었지?'라는 어정쩡

한 상태가 발생할 수 있다. '로그를 남긴다는 것'은 회의가 끝난 후의 공유는 물론이고 참석자들이 화제를 계속 공유하고 탈선을 막는다는 의미도 있다.

이러한 문제를 해결하기 위해 '회의록 중심 회의'를 권하고 싶다. 줌의 화면 공유 기능을 사용해 회의록 화면을 표시한 뒤 작성하면서 진행하는 것이다. 의제에 관한 발언을 회의록 담당자가 기록하고 그 자리에서 참가자의 합의를 도출해낸다. 회의가 끝날 무렵에는 전원 합의가 이루어진 회의록이 완성된다. 완성된 회의록은 그대로 채팅 도구를 사용해 참가하지 못한 구성원도 포함해 공유한다. 줌에는 진행된 회의 내용이 재택근무의 비동기성에도 무리 없이 적용할 수 있다.

여기에서 중요한 점은 모두 의제에서 벗어난 터무니없는 발언을 하지 않게 된다는 것이다. 전원이 회의록에 주의를 기울이기 때문에 회의가 산만해지는 일이 없다. 회의록을 남겨두면 나중에 쉽게 확인할 수 있고 모든 의제에 관해 어떻게 결론을 도출했고 뒤로 미루었는지 공유할 수 있다.

나는 이 회의록 중심 회의를 일반적인 회의에서도 시도했다. 그때는 전원이 화면을 확인할 수 있는 프로젝터를 준비해야 했으므로 환경에 따라서는 회의록 중심 회의를 포기할 수밖에 없었다. 그러나 줌을 이용한 회의는 회의록 화면을 선명하게 공유할 수 있기 때문에 너무나 간단히 회의록 중심 회의를 실행할 수 있어 약간 충격을 받았다. 솔직히 모두 모여 실시하는 회의보다 줌 화상회의가 더 효과적일 뿐만 아니라 원격회의가 훨씬 더 낫다는 생각이 들었다.

아이가 있어도 마음 놓고
회의에 집중할 수 있는 방법

영국 유력 매체 BBC 생방송 중에 아이가 방으로 뛰어 들어온 영상을 본 사람이 있을 것이다. 텔레비전에 출연하는 중요한 순간, 방에 아이가 뛰어 들어온 이 일을 시청자들은 다행히 재미있는 해프닝으로 받아들였다.

그러나 만약 이것이 돌이킬 수 없는 사고로 연결된다고 생각하면 당연히 불안해진다. 사내 회의라면 그럴 수도 있다며 넘어가겠지만 다른 회사 사람과 화상 회의를 하고 있을 때 아이가 뛰어 들어오면 정말 당황할 것이다. 따라서 아이에게는 단순한 규칙을 정해주어 함부로 들어오지 못하도록 조치를 해두어야 한다.

먼저 일하는 구역과 노는 구역을 명확하게 구분해둔다. 자신의 방을 작업실로 삼고 있는 사람이라면 "1시간 정도는 방에 들어오면 안 된다."고 아이에게 미리 말해두면 이해하기 쉬울 것이다. 그리고 들어오면 안 되는 시간을 정한다. 그 시간 동안에는 회의 시간에 맞추어 아이에게 텔레비전 만화 등을 보여준다. '회의= 만화 시청 시간'이라는 조건을 정해두면 마음 편히 회의할 수 있다.

시간이 오래 걸리는 회의라면 영화를 골라주는 등 시간에 맞는 콘텐츠를 선택하는 것도 중요하다. 회의할 때 말고는 최대한 텔레비전을 시청하지 못하게 해 텔레비전이 특별한 대상처럼 인식하도록 해두는 것도 중요하다. 그렇게 하면 회의를 하는 동안 아이는 텔레비전에만 집중하게 된다.

배경 전환으로
편안한 비즈니스 회의를 한다

줌에는 화상회의의 배경을 바꾸는 '가상 배경 설정' 기능이 있다. 이 기능을 사용하면 방이 지저분해도 실제 배경이 아닌 가상의 배경을 설정할 수 있다.[33] 사무실 모습 등을 배경으로 선택할 수 있지만, 때에 따라서 바다가 보이는 리조트 풍경 등 편안한 풍경을 선택하면 회의 분위기 조성에 도움이 된다. 제약 조건을 생각하지 않고 풍부한 아이디어를 내고 싶을 때는 비일상적인 풍경을 선택하는 등 목적에 맞게 선택할 수 있다.

물리적으로 사무실을 바꾸려면 상당한 비용이 든다. 하지만 배경화면을 바꾸기만 해도 기분이 전환되고 구글처럼 창조적인 사무실을 바로 실현할 수 있다.

나는 회의나 세미나에 맞추어 배경을 바꾸고 있다. 비즈니스모델이노베이션협회BMIA의 회의에는 비즈니스 모델 캔버스를 배경으로, 나고야상과대학의 대학 관련 회의에는 대학 교실을 배경으로, 일반사단법인 기리부에ᵏⁱʳⁱᵇᵘᵉ의 회의에는 안개를 뜻하는 기리ᵏⁱʳⁱ에 맞게 안개를 배경으로 삼는 등 배경만으로도 회의에 참여하는 기분이 바뀐다.

앞으로 VR 등의 기술 향상을 통해 점차 다양한 가상 사무실이 실현될 테지만, 당장은 가상 배경을 이용한 사무실로 그 기분을 맛볼 수 있다.

43

공유 채널을 활용해
외부 파트너와 협업한다

재택근무 시대에는 소통 장소가 외부를 향해 열려 있다. 그 개방된 장소에는 재택근무 직원뿐 아니라 사외 전문가나 다른 파트너 기업도 참가할 수 있다. 앞으로는 직원뿐 아니라 외부의 우수한 구성원과 서로 협력하면서 가치를 낳는, 이른바 오픈 이노베이션open innovation 시대가 펼쳐질 것이다.

구체적으로는 슬랙 등 공유 채널을 들 수 있다. 공유 채널에는 손님을 초대해 대화를 나눌 수 있다. 프로젝트마다 채널을 가동하고 외부 사람들을 불러들인다. 여기에서는 회사 안과 밖의 경계가 뚜렷했던 지금까지의 작업 방식과는 전혀 다른 작업 방식이 필요하다. 공유 채널이라는 '열린 장소'에서 새로운 이노베이션이 탄생한다.

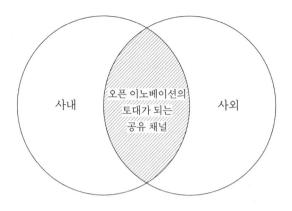

사내　　오픈 이노베이션의
토대가 되는
공유 채널　　사외

우선 프로젝트가 시작되면 공유 채널을 가동한다. 이
채널에 회사 구성원은 물론 다른 회사 사람들을 초대
해 소통을 시작한다. 프로젝트에서 다른 회사 사람들과
공유해야 할 정보는 모두 그 채널 안에서 주고받는다.

　　채널에서는 다른 회사 사람이든 재택근무 구성원
이든 모두 동등한 자리에서 소통한다. 회사 안팎에서
의 지위와는 관계없이 그 사람이 지닌 전문성이나 능
력을 서로 인정하고 존중하면서 회의한다. 뚜렷한 경
계가 정해져 있지 않은 공간에서 이루어지는 소통이
야말로 오픈 이노베이션을 지탱해주는 토대가 된다.

열려 있는 이 장소를 어떻게 관리하고 여기서 어떻게 가치를 낳을 수 있는지가 앞으로 기업이 해결해야 할 과제다. 지금까지와 마찬가지로 모든 것을 제어하는 방식의 관리가 아니라 각자의 가능성을 펼쳐가는 퍼실리테이션facilitation 방식의 관리가 이루어져야 한다. 이에 맞는 구체적인 기술 방식은 업무와 관련된 소통이었으며 사고방식으로는 대니얼 킴의 조직 개발 모델임을 앞에서 소개했다.

내가 전에 근무한 광고업계에서는 이런 프리랜스 크리에이터와의 협력이 일반적이었다. 다른 사람이 할 수 없는 표현을 하는 유일무이한 크리에이터는 대기업과도 대등한 관계에서 일한다. 이 관계는 회사 내부에 존재하는 고용과 피고용의 권력 관계가 아니라 신뢰 관계로 연결된다.

기업의 관리 방식이 바뀌고 있듯 피고용자도 자기만의 독자적인 아웃풋이 얼마나 가능한지 제시해야 하는 시대가 되었다. 그렇지 않으면 인건비가 낮은 외국의 인재와 경쟁해야 하는 상황에 휘말려 임금은 점차 낮아질 것이다. 좋든 싫든 지금은 이런 세계적인 인재 경쟁에 휘말릴 수밖에 없는 시대다.

이런 시대에 인재는 둘로 나눌 수 있다. 하나는 자신 있는 분야를 가지고 있는 전문가에 해당하는 인재, 또 하나는 전문가를 모아 협력해나가는 퍼실리테이터 facilitator 방식의 인재다. 지금까지 소개한 방법은 후자로 활약하기 위한 기술을 집약한 것이다.

44

툇마루와 공동 창조

일본 가옥의 특징 중 하나는 툇마루가 있다는 것이다. 툇마루는 사적인 공간도 아니고 그렇다고 열려 있는 공공의 공간도 아닌 그 중간에 해당하는 공간이다. 집 안과 밖 사이에 있는 공간인 툇마루에서는 외부에서 찾아온 사람이 걸터앉거나 간단한 다과를 함께 즐기고 장기를 두는 등 다양한 소통과 활동이 이루어졌다.

회사에서 사내·외는 지금까지는 회사의 안과 밖 이 확실하게 구분되어 있었다. 하지만 이 경계가 모호 해지고 있다. 부업이나 겸업을 하며 여러 회사에 소속 되어 일하는 방식이 확산하고 있다. 다른 한편으로는 크라우드 소싱crowd sourcing[34]처럼 외부인을 프로젝트에 참가시키는 방식도 증가하고 있다.

상황이 이렇게 바뀌고 있는데도 외부인을 전혀

받아들이지 않으면 프로젝트를 진행하기가 점차 힘들어진다. 정보가 새어 나갈 위험을 피하기 위해 사내 정보에 엄격한 방어벽을 치면 회사 밖의 사람들과 순조롭게 협력할 수 없다.

이런 문제를 해결하기 위해 슬랙이나 마이크로소프트 팀스 등의 서비스가 툇마루 같은 온라인 공간을 제공하기 시작했다. 외부 사람을 손님으로 등록해 공유 채널로 초대하면 그곳이 안도 밖도 아닌 회사의 툇마루가 되어 공동 창조가 이루어진다.

이것은 가상 공간에서만의 이야기가 아니다. 현실 세계에서도 그렇다. 공유 오피스의 인기가 높아져 프리랜서를 포함한 다양한 직위와 직함을 가진 사람들이 이런 장소를 공유하며 일하는 방식이 확대되고 있다.

회사의 경계를 뛰어넘어 다양한 전문가와 공동으로 창조를 하는 재택근무는 최첨단 근무 방식이다.

'정보 정리'는 재택근무뿐 아니라 어떤 경우에도 중요하다.
이 책에 정보 정리라는 주제를 넣은 이유는 과거의 망령인
'종이'라는 존재 때문이다. 재택근무 서류에 도장을 받기 위해
회사에 출근해야 하는 한심한 일이 지금도 여기저기에서
벌어지고 있다.

이것이 '정보 정리 HACK'을 쓰게 된 이유였고 여러 면에서
검토한 결과 재택근무만의 정보 수집 기술이 있다는 사실을 알게
되었다. 재택근무이기 때문에 주변에 신경 쓰지 않고 음성이나
영상을 보낼 수 있다는 점이다.

이번에 소개하는 내용은 '종이에서 디지털로'라는 이야기에
머무르지 않고 '종이에서 영상으로'라는 패러다임의 전환이
일어나고 있다는 시대 인식에 바탕을 둔 재택근무의 HACK이다.

정보 정리 HACK

정보의 홍수로부터 자신을 보호하고
최신 정보를 입수한다

종이 서류의 세 가지 문제

회사 품의서에 찍힌 여러 개의 날인. 꽤 오래전 풍경이 지만 지금도 좀처럼 사라지지 않고 있다. 얼마 전에 일반사단법인 설립을 맡았을 때 인감을 만드는 일을 깜박 잊어 허둥지둥 서둘러 작성해야만 했다. 에스토니아 등이 전자정보로 유명해지고 있는 시대[35]에 우리는 대체 언제까지 과거의 방식에 얽매여 있으려는 것인지 이해하기가 어렵다.

민간 기업은 종이를 거의 사용하지 않고 기업 연수에서도 종이 문서 배포를 줄이고 있다. 그러나 같은 민간 기업인 은행에서 내 회사처럼 영세 기업의 정보가 담긴 종이 서류를 파일철 하나에 철저하게 정리해 보관하고 있어 깜짝 놀랐다. 대기업의 파일까지 포함한다면 대체 얼마나 많은 서류가 보관되어 있을지 상상만 해도 아득해진다. 그 밖에도 요식업이나 부동산 업계는 아직도 서류를 주고받기 위해 팩스를 이용한다. 음식점을 돕기 위해 통신 판매로 주문하려 했더니 팩스로 주문해야 한다고 해서 깜짝 놀랐다.

행정 업무도 아직 종이 서류를 사용한다. 협의할 때마다 종이 서류가 쌓이고, 그 서류들을 보관하는 데 애를 먹는다. 스케줄과 관련된 연락이 사무실에 우편으로 오기 때문에 우편물을 직접 받지 못했을 때는 곤란한 상황에 빠진다.

학교에서도 가정에 연락할 때 일반적으로 아이에게 종이 통신문을 들려 보낸다. 디지털에 익숙하지 않은 사람을 생각하면 종이 서류를 사용할 수밖에 없는 고충도 충분히 이해한다. 하지만 답답할 때가 많다. 이처럼 아직도 종이 서류가 매우 중요한 역할을 차지하고 있기 때문에 재택근무를 할 때만이라도 종이 서류를 적절하게 활용할 줄 알아야 한다. 그렇다면 종이 서류 때문에 생기는 문제로는 어떤 것이 있을까.

첫째, 공간 확보다. 얇은 종이도 모이면 상당한 양이 되기 때문에 보관 공간이 필요하다. 또 한번 보관하면 그대로 잊히는 경우도 많은데 중요한 서류까지도 거의 손을 대지 않는 서류들에 사이에 섞여 보관된다. 공간이 충분히 확보된 사무실이라면 문제가 없지만, 집에 그런 공간을 마련하기는 쉽지 않다.

둘째, 운반이 어렵다. 회사에 보낼 서류가 데이터라면 메일 하나로 끝나지만 종이 서류라면 비용도 많이 들고 시간 역시 만만치 않게 소요된다. 드디어 재택근무가 가능한 상황이 되었는데도 종이 서류의 수취나 날인 때문에 회사에 가야 하는 상황이 발생한다. 클라우드cloud[36]에 저장된 디지털 데이터처럼 '언제 어디서든' 간편하게 활용할 수 없다.

셋째, 검색이 어렵다. 산더미 같은 서류 안에서 원하는 서류를 찾으려면 상당한 고생을 해야 한다. IT 회사 오쓰카쇼카이大塚商会의 조사에 따르면 사람들은 연간 150시간이나 되는 시간을 물건을 찾는 데 사용한다.[37] 재택근무뿐 아니라 '찾는 데 소비하는 시간'은 당연히 줄여야 한다.

종이 서류 줄이기는 이미 수십 년 전부터 논란이 되고 있다. 재택근무를 하는 사람에게는 사활이 걸린 문제다. 신종 코로나바이러스 감염증으로 정착된 재택근무를 기회 삼아 제대로 실현해보자.

46

종이를 데이터화하는
애플리케이션

재택근무의 사활이 걸린 문제인 종이 서류는 법적으로
꼭 문서로 남겨야 하는 경우를 제외하고 원칙적으로
모두 데이터화해야 한다. 이를 효과적으로 실현할 수
있는 애플리케이션이 있다. 바로 마이크로소프트의 모
바일용 오피스 애플리케이션이다. 전에는 워드, 엑셀,
파워포인트가 모두 각각의 애플리케이션이었는데 하
나의 애플리케이션으로 통합되면서 서류 촬영 애플리
케이션인 '오피스렌즈Office Lens'도 함께 포함되었다.

　오피스렌즈는 종이를 스캔할 때 매우 편리하다.
서류를 비스듬히 촬영해도 기울어진 부분이 꽤 정밀
하게 자동으로 보정된다. 최근에는 스마트폰의 카메라
품질이 향상되어 일반 스캐너보다 훨씬 더 깨끗하고
또렷하게 스캔된다. 화이트 보드 모드를 선택하면 사

진 특유의 명암과 반사를 고려해 보정도 해준다.

오피스렌즈의 또 다른 장점은 서류의 문자 데이터를 이미지 문자 인식 기능인 OCR^{Optical Character Reader}로 스캔해 서류를 데이터나 PDF 파일뿐 아니라 그대로 워드나 엑셀, 파워포인트 파일로 변환해준다는 것이다. 그 정밀도도 상당히 높아 문자나 사진이 약간 일그러져 있어도 잘 인식한다.

47

대량의 서류는 스캔해 저장한다

스캔할 서류의 양이 많다면 역시 전용 도큐먼트 스캐너document scanner가 편리하다. 대표적으로 컴퓨터와 사무기기 제조회사 후지쯔富士通의 스캔스냅ScanSnap를 들 수 있는데, 나는 iX1500이라는 탁상형을 사용한다. 급지대에 최대 50장의 원고를 올려놓을 수 있고 1분에 30장을 스캔할 수 있다. 서류가 많아도 짧은 시간에 스캔을 끝낸다.

종이 서류를 스캔하는 과정에서 나는 책도 PDF 파일로 변환했다. 책등을 대충 잘라내고 스캔스냅으로 스캔했는데, 나중에 세어보니 내가 PDF 파일로 만든 책이 무려 2,000권이나 되었다. 상당히 품이 드는 작업이지만 그것도 스캔스냅의 대량 처리 능력이 있기 때문에 가능한 일이었다.

이 후지쯔 스캔스냅 iX1500의 또 다른 장점은 클라우드 서비스와 연계할 수 있다는 것이다. 나는 스캔한 데이터를 자동으로 웹 기반 파일 공유 서비스 드롭박스 Dropbox에 저장되도록 설정해두었기 때문에 스캔 데이터를 즉시 팀 구성원과 공유할 수 있다.

이렇게 종이 서류를 데이터화해 저장해두면 서류가 사무실에 있어도 어디서든 스캔 데이터를 열람해 확인할 수 있다. 종이 서류를 확인하기 위해 출근하며 시간을 허비할 필요가 없고 재택근무의 스트레스도 한층 줄어든다.

48

데이터를 저장할 때는
하나의 포켓 원칙을 지킨다

스캔스냅을 사용할 때 주의할 점이 하나 있다. 종이 서류를 많이 스캔하면 나중에 검색하기가 어려워진다는 것이다. OCR 기능으로 문자를 읽으면 어느 정도 검색할 수 있지만 이도 완전하지는 않고 찾기 어려운 경우가 있다. 그럴 때 활용할 수 있는 것이 스캔한 날짜다. 자료를 받은 날짜는 스케줄을 확인하면 바로 알 수 있으니 간단히 원하는 파일을 발견할 수 있다.

이런 식으로 날짜 검색이 가능하도록 몇 가지 노력을 하면 된다. 우선 스캔한 데이터의 파일 이름에 스캔한 날짜와 시간을 입력한다. 그리고 스캔 데이터는 분류하지 않고 하나의 폴더에 모두 담는다. 그러면 한 폴더 안에 스캔한 서류 데이터가 날짜와 시간별로 차례로 배열된다. 더불어 이렇게 폴더 하나에 담아두면 그 폴더를 열 때 반드시 원하는 파일이 있다는 안도감도 든다. 『초超 정리법』이라는 책을 쓴 노구치 유키오野口悠紀雄는 이것을 '하나의 포켓 원칙'이라고 불렀다.

이 방법은 단순하면서 동시에 획기적이다. 노구치는 많은 사람이 나중에 찾기 쉽도록 나름대로 분류하는데, 그것이야말로 정리의 함정이라고 지적한다. 분류는 항상 '박쥐 문제'를 끌어안고 있다. 새와 짐승이 싸울 때 박쥐는 정확히 어느 한쪽에 속하지 않고 양쪽 모두에게 "나는 너희 동료야."라고 말하며 이쪽에 붙었다, 저쪽에 붙었다 했다는 이솝의 박쥐 이야기에서 따온 것으로, 명확하게 분류하기 어려운 존재를 취급하는 방법에 관한 문제다.

분류하기 애매한 경우 무리해서 분류하면 행방불명되는 서류가 많이 생긴다. 기껏 고생해서 분류해놓고 어디있는지 찾지 못하는 것이다. 따라서 굳이 분류하기보다 앞서 설명한 시간을 기준으로 검색하는 것이 좋다. 그것이 노구치가 내린 결론이었다. '하나의 포켓 원칙'은 그가 대장성大藏省에 근무할 당시 대량의 서류를 관리하던 경험에서 고안한 것이다. 책은 약 30년 전에 나왔지만 지금도 그 방법은 빛을 발하고 있다.

49

명함 정보를 자동으로 업데이트한다

재택근무를 할 때나 외출했을 때 확인할 가능성이 높은 종이 서류로는 명함도 있다. 이것 역시 스캔해두면 언제 어디서나 참조할 수 있어 매우 편리하다.

나는 명함을 정리할 때 스마트폰 명함 애플리케이션인 에이트Eight를 사용한다. 이 애플리케이션은 OCR 기능으로 그 자리에서 바로 이미지를 찍어 데이터로 저장할 수 있을 뿐만 아니라 정보를 손으로 입력할 수도 있어 정밀도가 매우 높다. 스마트폰의 전화번호부와도 연계되어 입력한 명함 데이터가 즉시 연락처에도 추가된다. 에이트로는 메일도 보낼 수 있다. 메일의 첫머리에 상대방의 회사 이름, 부서, 직함 등을 자동으로 입력해주어 메일을 작성하는 수고도 줄여준다. 이것 역시 매우 편리한 기능이다.

에이트의 다른 우수한 점은 SNS와 비슷한 기능도 갖추고 있어 정보가 업데이트된다는 것이다. 명함이 저장된 사람의 근황이나 입력해놓은 회사의 기업 뉴스가 올라온다. 그리고 명함 정보도 자동으로 업데이트된다.

연락처를 입력해둔다고 해서 당연히 자동으로 업데이트되지는 않는다. 그래서 명함을 받은 날부터 명함 정보는 점차 과거의 것이 된다. 에이트는 그런 걱정을 할 필요가 없다. 새로운 소식까지도 전달해주는 매우 우수한 명함 애플리케이션이다.

50

경비 정산도 애플리케이션으로 해결한다

내 회사에서는 경비 정산도 애플리케이션으로 끝낸다. 회계 소프트웨어 프리freee의 애플리케이션에 영수증 사진을 첨부하면 경비를 등록할 수 있다. 직원들이 이 애플리케이션을 이용해 영수증을 제출하고 경리과에서 점검한 뒤 올리면 마지막에 내가 승인해서 정산하는 식으로 처리한다. 그렇기 때문에 일부러 회사에 출근해 경비를 정산할 필요가 없다.

안타깝게도 법률상 애플리케이션으로 촬영한 영수증 데이터는 디지털 보존 요건을 충족하지 못해 원본을 남겨두어야 한다. 하지만 영수증은 나중에 정리해 보관하면 되니 큰 수고는 아니다.

프리는 해마다 진화해 오피스렌즈와 마찬가지로 기울기 보정 기능이 추가되었다. 또 촬영한 영수증 데이터를 OCR로 해석해 금액과 정산 목록 등을 추측하고 자동으로 입력해준다. 직접 입력해야 하는 수고를 덜어주므로 이것도 큰 장점이다.

51

폴더 이름에 규칙을 정해
공동 창조를 촉진한다

원격으로 작업할 때 클라우드는 공동 작업 플랫폼이
된다. 클라우드에 있는 파일을 공동 작업을 통해 완성
하기 때문에 클라우드에 있는 공유 폴더는 가상의 클
라우드 오피스가 된다.

클라우드 오피스는 많은 사람이 접속하기 때문에
누구나 공유할 수 있는 규칙에 따라 운영되어야 한다.
그렇지 않으면 필요한 정보가 어디에 있는지 알지 못
하는 일이 발생한다.

그 규칙으로 폴더에 이름을 붙이는 것을 들 수 있
는데 다른 이름과 겹치면 안 된다는 전제 조건이 있다.
여기서 '겹치지 않는 것' 중 가장 중요한 것은 시간이
다. 폴더 이름에 같은 날짜가 두 번 겹치지 않도록 입
력하면 이름이 중복되는 위험을 피할 수 있다. 폴더 이

름의 첫 부분에 날짜를 기재하면 날짜순으로 깨끗하게 배열할 수도 있다. 이것은 앞서 소개한 '하나의 포켓 원칙'에서도 나온 시간을 축으로 한 정리다.

내 회사의 주요 사업에 연수 사업이 있다. 이 사업의 폴더 이름은 '20200331도요게이자이신보사'처럼 '연수 날짜+클라이언트 이름'이라는 규칙으로 정한다. 1년에 100일은 연수와 세미나를 하는데 파일이 질서정연하게 배열된다.

좀 더 장기적인 프로젝트는 '프로젝트 시작 월+클라이언트 이름'이라는 규칙을 세워 '202003도요게이자이신보사'처럼 이름을 붙인다. 프로젝트는 몇 개월 단위로 실시되기 때문에 날짜까지 자세하게 기재하지 않고 월 단위로도 충분하다. 이렇게 만든 폴더는 연도별로 저장한다. 2020년에 실시한 연수와 세미나는 '2020 세미나'라는 폴더를 만들어 저장해둔다.

이렇게 시간을 기준으로 폴더를 정리하자. 누구나 혼란을 느끼지 않고 사용할 수 있는 가상의 클라우드 오피스를 준비하려면 폴더에 이름 붙이는 규칙을 철저하게 만들어놓아야 한다.

책장을 확보해 인풋의 폭을 넓힌다

앞에서 언급했듯이 종이 서류를 없애기 위해 책도 스캔해 저장했다. PDF 파일로 만들면 데이터를 어디서든 볼 수 있고 OCR 기능으로 글자를 인식할 수 있으므로 검색도 가능할 뿐만 아니라 복사해서 붙일 수도 있다. 장점이 끝이 없다.

하지만 한번 PDF로 만들고 나면 데이터로는 사장되어 좀처럼 책을 읽을 마음이 들지 않았다. PDF 파일을 화면으로 보면 종이를 넘기는 즐거움이 없어 아무래도 독서하는 기분이 나지 않기 때문이다. 또한 인터넷 서점 아마존의 전자책 서비스 킨들Kindle 등 태블릿 기기에서 읽는 전자책이라면 글자 크기를 조절할 수 있지만, 책을 스캔해 아이패드 등으로 읽으면 글자가 너무 작다. 스캔 상태에 따라서는 글자가 흔들려 보여 읽으려면 상당한 인내가 필요했다.

그리고 우연한 책과의 만남도 사라졌다. 책장에 꽂아두면 갑자기 흥미가 생겼을 때 다시 꺼내 읽을 수 있지만, PDF 파일을 들여다보고 있으면 그런 기분이 들지 않는다. 책과의 만남, 재회가 어려운 것이다.

이런 문제가 있어 대학원 박사과정에 진학한 시점인 2019년에 사무실 벽면 한쪽 전체를 책장으로 만들었다. 이게 마음에 들었다. 박사학위 논문을 집필하려면 수많은 참고 서적을 읽어야 하고 책을 여러 권 동시에 읽어야 한다. 그런 독서를 하기 위해서는 바로 꺼낼 수 있으면서 여러 권의 책을 살펴볼 수 있는 책장이 매우 효과적이었다.

책장에는 분야별로 책을 정리해두었다. 그렇게 하면 관련 있는 내용이 한눈에 들어오고 책의 관계성도 파악할 수 있다. 박사학위 논문의 주제는 '문화재를 활용한 지역 활성화'였다. 그 주제가 문화재 보호와 관련된 이야기뿐 아니라 창조 도시라는 주제, 지방자치단체의 문화 정책 이야기, 지역의 예술 활동과도 연관되어 있다는 사실을 책장을 통해 일목요연하게 이해할 수 있었다.

집은 당연히 공간이 한정되어 있기 때문에 사무실처럼 거대한 책장을 두기 어렵지만 필요한 것을 골라 교체하면서 사용하고 있다. 이렇게 책장 공간을 준비하는 것은 인풋을 넓히는 데도 도움이 된다.

교양을 갖추는 산책 기술

재택근무를 하면 회사와 거리를 둘 수 있을 뿐만 아니라 자신의 전문 분야, 평소의 업무로부터도 적절한 거리를 둘 수 있다. 전문 분야를 깊이 파고드는 것도 중요하지만 그러다 보면 아무래도 우물 안 개구리가 될 가능성이 있다. 다른 분야에 관심을 잃게 되고 주변에는 자신이 속해 있는 분야에 종사하는 사람만 남게 된다. 대화할 때 전문 용어를 자주 사용하는 실례를 저지르게 되기 때문이다.

'커뮤니케이션 HACK'에서도 언급했듯이 지금 시대는 수많은 분야의 다양한 전문가를 팀으로 적절하게 이끌 수 있는 능력이 필요하다. 그럴 때 전문 분야에만 지나치게 빠져 있으면 소통이 원활하게 이루어지지 않고 팀을 정리해 이끌 수도 없다.

지금은 전문성을 가지는 것도 중요하지만 그 이상으로 다양한 영역을 넓고 얕게 알아두는 이른바 교양이 필요한 시대다.

대형서점에 가서 자신과는 직접적으로 관계가 없는 분야의 책장을 훑어보자. 그렇게 하면 각 분야에서 어떤 문제가 논의되거나 연구되고 있는지 한눈에 알 수 있다. 이른바 교양을 갖추기 위한 산책이다.

광고회사에 근무할 때 소비자의 심리를 공부하기 위해 평소에 읽지 않는 잡지, 가령 남성이라면 여성지를 읽으라는 말을 들었다. 실제로 읽으니 남성은 생각하지도 못하는 발상과 사고방식을 배울 수 있었다.

일반회사에서는 근무 시간에 잡지를 읽으면 트집을 잡히겠지만, 광고회사에서는 다양한 분야의 잡지를 읽어도 문제가 되지 않는다. 재택근무를 하게 되면 남의 눈을 의식하지 않고 시야를 넓힐 수 있다.

현장에서 눈에 보이지 않는
정보를 수집한다

재택근무는 사무실에 얽매이지 않아도 될 뿐만 아니라 집에서 일할 필요도 없다. 그렇다면 집에서 벗어나 새로운 일들이 벌어지고 있는 곳에 직접 달려가 그곳에서 1차 정보를 직접 수집하며 시간을 활용해야 한다.

가령 고급 빙수가 유행한다는 뉴스를 보았다면 즉시 그곳에 가서 빙수를 먹어보자. 그러면 어떤 사람들이 빙수를 먹으러 오고 왜 이 정도까지 인기이며 앞으로 공부해야 할 것은 무엇인지, 그곳을 둘러보아야 알 수 있는 다양한 정보를 수집하고 분석할 수 있다. 이것은 몇백만 엔짜리 마케팅 리서치에 버금갈 정도로 중요한 1차 정보다.

미국 실리콘밸리의 유명 사업가이자 실천적인 창업가 교육을 하고 있는 스티브 블랭크Steve Blank는 "건물에서 나와라 Get out of the building"라고 강조했다. 그는 책상에 앉아 아무리 많은 계획을 세워도 실제로 고객을 만나 이야기를 들어보면 처음에 했던 생각이 간단히 뒤집히는 경험을 거듭했다. 그리고 이를 통해 벤처기업이 성공하기 위해서는 한시라도 빨리 고객을 만나 고객의 진정한 요구를 간파하는 것이 중요하다고 확신하게 되었다. 그것을 스티브 블랭크는 '고객 개발 모델'이라는 과정에 반영해 실천하고 있다.

재택근무는 그런 점에서 이미 사무실이라는 건물에서 벗어났다고 할 수 있다. 하지만 기껏 벗어나 놓고 집이라는 장소에만 틀어박혀 있다면 너무 아깝지 않은가. 스티브 블랭크가 말했듯 건물에서 그리고 집에서 뛰쳐나와 고객이 있는 곳에 가서 그들의 진정한 요구를 피부로 느끼는 것이야말로 새로운 가치를 낳을 때 갖추어야 할 매우 중요한 행동이다.

장소를 살펴보는 데도 비결이 있다. 내가 코칭 스킬을 배울 때 알게 된 것인데 코치가 클라이언트의 이야기에 귀를 기울이는 다음의 세 가지 경청 방법이 도움이 될 것이다.

첫째, 내적 경청이다. 상대방을 보고 있는 것 같

지만 실제로는 자신의 기분이나 사고에 매달려 감정에 주의가 쏠려 있는 상태를 말한다. 이 상태에서 클라이언트는 코치가 자신의 이야기에 귀를 기울이고 있지 않다고 느낀다. 상사가 부하직원의 고민을 들어줄 때 '이 친구에게 어떤 충고를 해주어야 할까' 생각하면서 이야기를 듣거나 듣는 척하는 상태가 내적 경청이다.

둘째, 집중적 경청이다. 이는 상대방의 이야기에 주의를 기울여 집중해서 듣는 상태를 가리킨다. 이때 클라이언트는 코치가 자신의 이야기를 확실하게 들어주고 있다고 느낀다. 상대방의 이야기를 놓치지 않기 위해 집중하고 있는 상태지만 코칭에서는 이 정도로는 충분하지 않다.

셋째, 집중적 경청을 뛰어넘는 전방위적 경청이다. 이것은 클라이언트의 이야기는 물론 그 장소의 분위기나 클라이언트의 모습 등 전체에 주의를 기울이는 상태다. 이 상태로 상대방을 관찰하면 가령 말은 자신 있게 하지만 실제로는 불안을 느끼고 있음을 알 수 있다. 그리고 이런 경청 방법으로 이야기를 들어주면 클라이언트는 단순히 자신의 이야기를 들어주고 있을 뿐만 아니라 자신의 모든 부분에 관심을 기울여주고 있다고 느낀다. 직접 현장에서 관찰할 때도 실제로 발생하고 있는 현상뿐 아니라 그 배경에 존재하는 눈에 보이지 않는 현상까지도 읽어내야 한다.

앞에서 소개한 빙수 가게를 예로 들면, 점원의 분위기나 가게 모습, 기다리는 고객의 분위기, 완성되어 나온 빙수에서 느껴지는 인상 등 전체에 주의를 기울여 그때 받은 감각을 기억한다. 그것이 나중에 새로운 아이디어의 원천으로 작용할 것이다.

SNS에 시간을 낭비하지 않는 기술

현장의 정보를 전해주는 귀중한 미디어로 SNS가 있다. SNS는 지진, 쓰나미 같은 재해나 신종 코로나바이러스 감염증 같은 전염병, 다양한 사건 등 미디어에도 나오지 않을 듯한 1차 정보를 접할 수 있는 중요한 정보원이다. 하지만 정보의 노이즈도 많아 가짜 뉴스나 그다지 중요하지 않은 잡담도 넘쳐나기 때문에 조금만 안일해지면 시간을 낭비하게 된다.

　　SNS를 대하는 방법은 재택근무에서 중요한 문제다. 사무실처럼 남의 눈이 없기 때문에 SNS에 빠져 문득 정신을 차려보니 해가 저물어버리는 일도 있다. 사무실에서는 다른 사람이 있기 때문에 확인하는 데 제약이 있지만, 재택근무를 하게 되면 그런 제약이 사라져 시간을 낭비하기 십상이다.

특히 유튜브 등에서는 효과적인 추천 서비스를 하기 때문에 흥미 있는 콘텐츠가 잇달아 눈앞에 나타나고, 방심하면 계속해서 동영상을 시청하게 된다. 이런 시간 낭비를 어떻게 방지해야 할까? 이것은 중독과 마찬가지로 마음만으로는 막을 수 없다.

어떤 문제 행동을 방지하고 싶을 때는 그 문제 행동을 일으킬 때를 대비한 장벽을 의식적으로 만드는 것이 정석이다. 우선 작업용 컴퓨터에서 SNS에서 모두 로그아웃하고 스마트폰으로만 SNS를 볼 수 있는 환경을 만든다. 그리고 스마트폰을 멀리 떨어진 장소에 놓아둔다. SNS를 이용하기 위한 장벽을 의도적으로 높이는 방법이다.

게임도 마찬가지다. 시험 기간에 게임을 하고 싶어질 것에 대비해 게임기 전원 코드를 뽑아 상자에 보관해둔다는 학생의 이야기를 들은 적이 있다. 이렇게 해두면 게임을 하고 싶을 때 일부러 상자에서 꺼내 코드를 전원에 연결해야 한다. 장벽을 만들면 문제 행동으로부터 자신을 떼어놓을 수 있다. 마찬가지 논리로, 자기도 모르게 SNS에 접속하는 행동도 피할 수 있다.

정보 정리 HACK

음성 콘텐츠를 활용해 일하면서 입력한다

정보 인풋을 하는 방법에는 다른 사람의 시선을 신경 쓰지 않아도 되는 재택근무이기 때문에 가능한 것도 있다. 바로 음악이나 음성 콘텐츠를 들으며 일할 수 있다는 점이다. 라디오는 라디오 애플리케이션으로 들을 수 있고 애플의 팟캐스트 애플리케이션을 통해 다양한 콘텐츠를 들을 수 있다. 아마존의 오더블Audible이라는 오디오북 콘텐츠도 있고 그 밖에도 보이시Voicy나 히말라야Himalaya 등 음성 콘텐츠 플랫폼도 있다. 앞으로도 이런 콘텐츠는 계속 늘어날 것이다.

오디오북 등의 음성 콘텐츠는 미국에서 꽤 일반적이다. 서점에 가도 오디오북 코너가 마련되어 있고 인터넷상의 온라인 콘텐츠도 있다. 그 이유로 미국에서는 자가용을 이용한 출퇴근이 일반적이어서 운전하면서 오디오 콘텐츠를 즐기는 습관이 있기 때문이라고 말하는 사람도 있다. 그런 환경이 이유라면 앞으로 일본에서도 분명히 이러한 콘텐츠가 보급될 것이다. 일본은 사무실 근무를 위해 전철로 출퇴근하는 것이 일반적이어서 오디오 콘텐츠를 청취하기에 적합한 상황이 아니었다. 그러나 앞으로 재택근무가 일반화됨에 따라 다른 사람의 시선을 신경 쓰지 않고 음성 콘텐츠를 듣는 시간이 상당히 늘어날 것이다.

음성 콘텐츠는 외로움을 달래는 데에도 편리하다. 재택근무의 단점 가운데 하나로 '주변에 사람이 없어 생기는 외로움을 견디기 어렵다'는 점을 들 수 있다. 라디오나 오디오 콘텐츠는 이러한 외로움을 달래주는 중요한 엔터테인먼트이기도 하다. 라디오를 들으면서 일하면 혼자가 아니라는 느낌을 받아 활기찬 장소에서 일하는 듯한 착각을 느낄 수 있다.

집이기 때문에 할 수 있는 인풋

영상을 통한 인풋은 재택근무이기 때문에 음성 이상으로 활용할 수 있는 정보 수집 기술이다. 인터넷이 고속화됨에 따라 유튜브, 넷플릭스, 아마존 프라임 비디오 등 다양한 동영상 콘텐츠 서비스가 제공되고 있다. 이러한 서비스는 다양한 구독 방식을 통해 꽤 합리적으로 이용할 수 있다.

엔터테인먼트만이 아니다. 유튜브는 지금까지 어린이용 콘텐츠나 게임 중계 등 사람들의 관심을 끌 만한 내용을 찍어 접속자 수를 늘려 돈을 번다는 이미지가 강했다. 하지만 최근에는 개그 콤비 오리엔탈라디오의 나카타 아쓰히코中田敦彦가 운영하는 유튜브대학YouTube大学, 닛산자동차의 전 회장으로 횡령 혐의를 받아 일본에서 레바논으로 탈출한 카를로스 곤Carlos

Ghosn의 인터뷰를 성공한 호리에몬채널ホリエモンチャンネル, 정치나 경제 기사 등을 전하는 전문가 채널 등 어른도 흥미를 느낄 수 있는 내용의 콘텐츠가 늘어나고 있다.

신종 코로나바이러스 감염증에 관해서는 현장의 1차 정보가 뉴스보다 빨리 확산되어 많은 사람에게 실상을 알려주는 중요한 미디어로 기능하고 있다. 뉴스를 보는 것보다 먼저 정보를 접할 수 있기 때문에 오히려 뉴스를 보다가 오래된 정보가 나온다 생각하게 되는 경우도 많아졌다. 그 정도로 인터넷의 동영상 정보가 중요해지고 있다.

교육에서는 지금까지 해외 대학의 온라인 강의가 앞섰지만 최근 들어 일본의 대학이나 세미나 관련 회사들이 학습을 위한 동영상 콘텐츠를 만들어 올리는 일도 증가하고 있다.

나도 회사의 신규 사업으로 비즈니스를 예술적 관점으로 포착하는 세미나 시리즈 '콘셉트 베이스CON CEPT BASE'의 온라인 방송 http://movies.conceptbase.net를 시작했다. 한 달에 1,000엔 정도 금액으로 다양한 세미나를 볼 수 있는 이러한 콘텐츠도 재택근무라면 주변을 신경 쓰지 않고 시청할 수 있다.

정보 정리 HACK

나는 이러한 영상을 시청하기 위해 책상에 아이패드 미니iPad mini를 놓아두고 있다. 컴퓨터로 영상을 시청하다 보면 나도 모르게 다른 창이 겹쳐 볼 수 없게 되는 경우가 있는데 그런 스트레스를 받지 않도록 준비해둔 것이다. 만약 남는 태블릿 기기가 있다면 책상 주변에 놓아두기를 권한다.

집에서 영어 실력을 향상한다

영어 수업도 재택근무이기 때문에 가능한 정보 인풋이다. 영어는 많은 사람의 콤플렉스다. 초보자가 볼 때는 영어를 매우 잘하는 사람인데도 사실은 영어 실력에 자신이 없는 경우도 있다. 이렇게 영어에 콤플렉스를 느끼는 사람이 다른 사람 앞에서 공부하려면 상당한 용기가 필요하다.

하지만 재택근무라면 주변의 시선을 신경 쓰지 않고 얼마든지 동영상 콘텐츠를 시청하면서 영어 듣기나 말하기를 연습할 수 있다. 사무실에서는 일하는 동안 영어에 신경을 쓸 여유가 없다. 하지만 재택근무라면 긴 시간 동안 영어에만 집중할 수 있다.

영어를 공부하고 싶다면 음성 콘텐츠 부분에서도 소개한 팟캐스트의 영어 콘텐츠를 추천한다. 모노클

24ᴹᵒⁿᵒᶜˡᵉ²⁴라는 시리즈는 창업가, 문화, 디자인 등 주제별로 프로그램이 준비되어 관심 있는 내용을 선택할 수 있다. 그리고 뇌과학자 모기 겐이치로茂木健一郎가 권하는 'BBC 라디오 4'도 공부가 된다. 다큐멘터리나 인터뷰가 중심인 프로그램으로 전문 용어가 적당히 등장하기 때문에 지식을 넓힌다는 의미에서 효과적이다.

재택근무라면 영어 회화도 인터넷 무료 통화 서비스 스카이프ˢᵏʸᵖᵉ를 통해 수업받기 편하다. 일하는 중에 틈틈이 30분 정도 시간을 내어 수강할 수 있다. 영어 회화 학원에 다닐 필요도 없고 일 때문에 지친 머리를 쉬게 하는 데도 도움이 된다.

어쩌면 재택근무를 시작한 뒤 영어 회화 실력이 한층 더 향상되었다는 이야기도 나올 수도 있다. 영어 실력을 향상하는 데는 재택근무가 최적이다.

대량의 아웃풋을 실현하는 음성 입력

지금까지 정보를 입력하는 인풋만 소개했는데 사실 정보의 출력, 즉 아웃풋도 재택근무이기 때문에 가능한 방법이 있다. 바로 음성 입력이다.

음성 AI 스피커로 대표되듯 음성 인식의 정밀도는 최근 한층 더 향상되었다. 상당히 복잡한 말을 해도 정확하게 인식한다. 작업에 충분히 사용할 수 있는 수준이 된 것이다.

이 책의 가장 초기에 쓴 원고도 음성 입력을 이용했다. 워드 파일을 열고 거기에 직접 말을 하면서 입력했다. 키보드로 입력하면 입력 속도에 한계가 있어 문장을 좀처럼 진행하기 어렵지만, 음성은 그 몇 배나 되는 속도로 입력할 수 있다. 음성 입력이 없었다면 이 책을 완성하는 데 적어도 세 배의 시간이 걸렸을 것이다.

음성 입력에는 아이팟프로iPod pro를 사용한다. 마이크의 감도가 좋아 내가 말을 하는 내용이 정확하게 문장으로 입력된다.

그러나 주변을 둘러보아도 음성 입력을 사용하는 사람은 극히 드물다. 외국인은 다른 사람의 시선을 신경 쓰지 않고 자연스럽게 음성으로 입력하는 경우가 많지만, 일본인 중에서는 거의 본 적이 없다. 그만큼 다른 사람의 시선에 신경을 쓰기 때문이다.

사무실에서 혼잣말을 중얼거리는 듯한 모습은 남들 보기에 부끄럽다. 또 입력하는 내용을 옆 사람이 듣는 것도 불편하다. 사무실을 벗어나 카페 등에서 음성 입력을 하려 해도 주변의 잡음이 거슬리고 사무실과 마찬가지로 다른 사람이 들을 수 있다는 단점이 있다.

하지만 재택근무라면 주변 사람의 시선을 신경 쓰지 않고 마음 놓고 음성 입력을 할 수 있다. 이것은 혁명적이다. 소파에 누워 아웃풋하려는 내용을 머릿속에 떠올리고 이미지가 정리되면 음성으로 단번에 입력한다. 그러고 나서 나중에 잘못 입력된 부분을 직접 수정하면 된다.

음성 입력을 활용해 키보드 입력 속도를 해결하

면 무엇이 달라질까? 바로 사고의 속도가 향상된다. 하지만 역시 생각하기 전에 미리 입력할 수는 없다. 여기에서 필요한 것이 다음에 소개할 사고의 속도를 향상시키는 방법이다.

정보 정리 HACK

60

음성 입력을 하기 전
이미지를 확장한다

음성 입력의 가장 큰 장애는 사고 속도다. 생각하지도 않은 내용을 말할 수는 없다. 실제로 음성 입력을 해보면 알겠지만, 말할 내용이 떠오르지 않아 고민하느라 상당한 시간이 걸리는 경우가 있다. 그래서 좀 더 빨리 생각할 수 있다면 더 많은 아웃풋을 할 수 있을 것이라고 생각한다. 음성 입력의 성패는 사고 속도 문제를 얼마나 향상하느냐에 달려 있다. 여기에는 비결이 있다.

음성 입력을 할 때는 늘 직전에 어느 정도 생각을 정리해두어야 한다. 이때 단어 하나하나 준비하려면 매우 비효율적이다. 준비한 내용을 다 말하면 거기에서 입력이 끝나버리기 때문이다. 내용을 준비하고 그 내용을 그대로 말하는 식으로 순서를 따를 경우, 결국 내용을 생각하다가 끊어져 사고 속도가 오르지 않는다.

따라서 말할 내용 전체의 이미지를 대략 정리하고 말하면서 그 흐름을 계속 이어가야 한다. 전체 이미지가 확실하게 갖추어지면, 세밀한 단어나 문구의 차이에는 신경 쓰지 말고 이미지에 맞춰 계속 말을 이어가야 한다. 잘못된 부분은 나중에 수정하면 된다.

중요한 것은 전체의 아웃풋 이미지가 형성되어 있는가다. 어떤 식으로 이야기를 전개하고 어떤 결론에 이를지를 정리하는 것이다. 기승전결이라고도 할 수 있다. 그것이 갖추어져 있지 않으면 계속해서 말을 이어갈 수 없다.

문제는 이런 이미지를 형성하려고 할 때 옆에서 보면 멍하니 앉아 있는 것처럼 보인다는 점이다. 아무것도 하지 않는 것처럼 보이기 때문이다. 그러나 본질적으로 사고라는 것은 다른 사람의 눈으로 보면 아무 생각이 없는 것인지 깊은 생각에 빠진 것인지 그 차이를 알 수 없다.

사무실에서 일할 때는 그런 오해를 받고 싶지 않아 어쩔 수 없이 키보드를 두드릴 수밖에 없었다. 그것은 실제 마음이 그런 것도 아니고 일을 위한 것도 아닌 단지 다른 사람의 눈을 속이기 위한 행동이다. 이처럼 우리는 사무실에서 어쩔 수 없이 일하는 척을 해야만 했다. 그러나 재택근무라는 수단을 손에 넣고 나서는 외부의 시선에 신경을 쓸 필요가 없어졌다. 마음대로 아웃풋의 이미지를 그리고 그 이미지가 정해지면 압도적으로 빠른 속도로 음성 입력을 하면 된다. 이렇게 본질적인 사고 과정에 집중할 수 있다.

61

인풋 없이 아웃풋도 없다

사무실에서 근무할 때는 생각에 잠겨 있는 모습이 다른 사람에게는 아무 일도 하지 않는 것처럼 비치고 키보드를 두드리고 있으면 꽤 열심히 일하는 것처럼 보인다. 따라서 사무실 근무에는 지적 생산에 관한 커다란 오해가 존재한다.

우리의 일은 본질적으로 지적 생산이다. 자신의 머리로 생각하는 것이 우리가 하는 일의 본질이다. 키보드를 두드리는 것은 일이 아니다. 서류를 정리하는 시간 역시 그렇다. 경비 정산, 명함 정리도 사실은 지적 생산과는 거리가 먼 작업들이다.

바둑 기사의 일이 바둑알을 움직이는 것이라고 할 수 없는 것과 마찬가지다. 어떻게 수를 진행해야 할지 몇 시간이건 생각에 잠기는 기사처럼 우리도 사고 중심의 과정으로 전환해야 할 시점에 이르렀다.

재택근무를 하면 다른 사람의 시선을 신경 쓰지 않고 자신의 사고에 집중할 수 있다. 이 점이 재택근무의 혁명이며 일하는 방식의 혁명이다. 또 일의 본질이기도 하다. 우리는 키보드에서 해방되는 것을 통해 사람에 따라서는 수십 배, 수백 배나 차이가 나는 사고 속도의 혁명을 맛볼 수 있다.

그렇기 때문에 앞에서도 언급했듯 전체의 아웃풋 이미지를 그릴 수 있는지가 매우 중요해진다. 세밀한 논리 전개가 아닌 말하고자 하는 주제의 전체적인 이미지 말이다. 이 이미지를 구축하려면 상당한 양의 인풋이 필요하다.

이미지를 구축하려면 머릿속에 막대한 양의 정보가 저장되어 있어야 한다. 교양이라고 표현할 수도 있다. 이 수많은 정보는 반드시 문자를 통해서만 얻어지는 것이 아니다. 다양한 직접적 체험이나 예술 작품을 접했을 때 받는 감동, 오감을 총동원해서 느낀 잊기 힘든 감각 등 눈에 보이는 것뿐 아니라 잠재의식 안에 존재하는 다양한 정보가 서로 조합하여 아웃풋으로 그 모습을 드러낸다.

이것이 인풋 위주의 '정보 정리 HACK'에서 굳이 음성 입력이라는 아웃풋을 소개한 이유다. 다양한 인풋이 이루어져야 커다란 댐에 물이 가득 차듯 정보가 넘치고 원하는 이미지를 그릴 수 있다. 인풋 없이 아웃풋은 이루어지지 않는다. 인풋의 저장량이야말로 끊임없이 이루어지는 아웃풋의 전제 조건이다.

재택근무로 막대한 양의 인풋이 가능해지고 다른 사람의 시선을 신경 쓰지 않고 이미지를 확장해 빠른 속도로 아웃풋을 할 수 있게 되면, 사무실에서 일하는 것보다 몇 배나 되는 성과를 올릴 수 있다. 이 부분은 재택근무를 시작한 지 10년 넘게 지난 지금, 내가 누구보다 절실히 느끼고 있다.

집에 틀어박혀 일해야 하는 재택근무에는 두 가지 위험 요소가 있다. 바로 운동 부족과 정신 건강 문제다.

이러한 문제는 새로운 작업 방식을 실현하는 데 따르는 부작용 같은 것이다. 재택근무에서는 지금까지처럼 키보드로 열심히 입력하거나 땀을 흘리는 등의 신체적 행동은 평가되지 않는다. 함께 있다는 신체적 감각도 사라져 고독감에 휩싸이게 된다.

아무리 지적 노동이 중요하다고 해도 신체 활동을 소홀히 할 수는 없다. 신체는 사실 지적 노동에 필요한 이미지를 불러일으키는 창조성의 중요한 원천이다. 즉 우수한 신체 감각 없이는 우수한 아이디어도 나오지 않는다. 이 패러다임의 전환은 무의식까지도 포함한 신체 감각을 어떻게 활성화할지에 대한 도전이다.

몸과 마음의
건강을 위한 HACK

건강을 유지해
최고의 능력을 발휘한다

62

링피트어드벤처로
운동 부족을 해소한다

재택근무의 문제 가운데 하나로 운동 부족을 들 수 있다. 일에 열중하다 보면 자기도 모르게 몇 시간씩 의자에 앉아 있는 경우도 있다. 출퇴근하지 않아 외출할 일이 없기 때문에 운동할 기회를 잃어버리기도 한다. 도쿄에서 생활하다 보면 출퇴근이나 이동만으로도 1만 보 정도는 쉽게 걸을 수 있지만, 재택근무를 하면 1천 보도 걷지 못할 때가 있다.

　나는 이러한 운동 부족 현상을 해소하기 위해 닌텐도에서 출시한 닌텐도스위치Nintendo Switch의 피트복싱Fit Boxing을 시작했고, 이것이 꽤 좋은 운동이 되었다. 피트니스 클럽에서 하는 복싱 운동처럼 리듬에 맞추어 30분 정도 펀치 동작을 하면 땀범벅이 된다. 이튿날 약간의 근육통마저 느껴질 정도의 운동량도 있다.

같은 회사에서 나온 링피트어드벤처Ring Fit Adventure는 큰 인기를 얻어 발매하고 얼마 지나지 않아 품귀 현상까지 보였다. 이 제품은 게임 요소가 더욱 첨가되어 아이부터 어른까지 모두 즐길 수 있다. 적을 쓰러뜨리거나 보트를 저어 나가는 등 운동을 운동이라고 느끼게 하지 않는 요소가 곳곳에 있다. 아이들과 함께 게임을 하고 있으면 같은 주제로 대화도 나눌 수 있어 가족 간의 소통도 늘어난다.

신종 코로나바이러스 감염증에 따른 휴교 조치 때도 링피트어드벤처 덕분에 아이들이 운동 부족 현상에 빠지지 않을 수 있었다. 근력 운동뿐 아니라 균형을 잡거나 몸의 중심인 코어를 단련하는 게임도 많아 스포츠의 기초 트레이닝으로도 꽤 도움이 된다.

생각거리가 있을 때는
빠른 걸음으로 걷는다

힘들게 시작된 재택근무이므로 건강에 신경을 쓰면서 그것을 일과도 연결해야 한다. 일의 진행이 순조롭지 않을 때 산책을 하면 건강을 유지할 뿐만 아니라 머리도 맑아지고 일의 효과도 올라간다.

걷는 방법에도 비결이 있다. 약간 빠른 정도의 속도로 걷는 것이다. 어떤 연구에 따르면 뇌를 자극하는 데는 사실 운동에 의한 신경적인 것보다 지면을 밟을 때의 물리적 충격이 더 효과가 있다고 한다. 동물 실험에서는 가벼운 조깅에서 발생하는 중력 가속도 1G 정도의 충격이 가장 효과가 좋다고 증명되었다. 조용히 걷는 것이 아니라 기운차게 땅을 밟으며 걷는 방식이 좋은 듯하다.[38]

이미 '정보 정리 HACK'에서도 언급했듯이 이어

폰을 끼고 정보를 입력하면서 산책하는 것도 좋은 방법이다. 나는 유튜브나 테드TED[39]에 올라와 있는 강연 동영상 등을 들으며 걷는다. 산책만 한다면 지루할 수 있지만, 귀에서 받아들이는 정보가 자극이 되어 아이디어를 떠올리는 데 도움이 된다.

현실 세계는 1999년에 개봉한 영화 〈매트릭스Matrix〉의 세계처럼 뇌 안의 망상만으로 성립되어 있지 않다. 인간은 신체를 가지고 있고 몸과 마음이 연결된 생물이다. 신체 활동을 통해 생명 활동이 활발해지고 거기에 따라 생각이 활성화되는 동물적 측면이 있다.

신체를 건강하게 유지해 두뇌 활동도 활발하게 만들어야 한다. 재택근무에서는 그런 몸과 마음의 상호 관계에 한층 더 주의를 기울일 필요가 있다.

재택근무에 명상을 도입한다

구글 등 IT 기업이 '마음챙김mindfulness'에 도전하고 있다는 이야기가 자주 들린다. 마음챙김이란 명상 등으로 잡념을 떨쳐버리고 '지금 여기에' 집중하는 방법이다. 애플 창업자 스티브 잡스Steve Jobs가 좌선에 열중했다는 이야기도 있다.

IT같이 최첨단으로 빠르게 움직이는 업계 종사자나 끊임없이 압박감을 느끼는 경영자는 자신을 창조적인 상태로 유지하기 위한 실마리를 마음챙김에서 얻는 듯하다.

재택근무는 주변에 사람이 없기 때문에 명상도 어렵지 않게 할 수 있다. 명상의 기본은 호흡법이다. 우선 폐 안에 있는 공기를 완전히 뱉어내고 천천히 숨을 들이쉰다. 애플워치에도 '심호흡' 애플리케이션이 있어

정기적으로 심호흡을 하게 해준다. 만약 불안한 일이나 걱정거리가 있으면 호흡부터 정돈하자.

재택근무는 이렇게 점점 명상화되어간다. 사무실에서 일하듯 흘러가는 작업 방식은 사라진다. 자신과 마주해 머릿속에 떠오른 이미지를 확대하고 아웃풋하자. 재택근무는 좌선이다. 새로운 형태의 작업 방식을 추구하는 구글 등의 기업이 마음챙김에 주목하는 것은 당연한 현상이다.

마음이 안정되고 머릿속에서 펼쳐지는 이미지가 점차 실현되는 명상 워크 스타일이야말로 재택근무에서 당장 실천할 수 있는 것이다. 기존에는 생각할 수 없던 최첨단의 창조성이 여기에 있다.

재택근무에서 식사 문제를 해결하는 방법

재택근무를 하다 보면 외출이 귀찮아져 편의점 도시락으로 식사를 대신하거나 영양가 없는 음식을 섭취하게 되는 경향이 있다.

나는 음식에 전혀 관심이 없기 때문에 세 끼를 모두 콘플레이크로 때운 적도 있다. 콘플레이크는 기본적인 영양소가 모두 갖추어져 있어 완전식이라고 할 수 있다. 하지만 아침 식사로 먹는 콘플레이크는 나쁘지 않지만, 저녁 식사까지 그것으로 때우면 식생활이 지나치게 초라해진다.

아무래도 소홀해지기 쉬운 재택근무의 식사 문제, 어떻게 하면 해결할 수 있을까? 기분전환을 위해 외식하는 것도 물론 좋은 방법이지만, 매번 외식을 한다면 당연히 영양의 균형이나 염분의 지나친 섭취 등이 문제가 될 수 있다. 여기에서는 직접 요리해도 풍성하게 즐길 수 있는 식사를 이야기하겠다.

먼저 식기 바꾸기를 권한다. 편의점 반찬이나 도시락도 화려한 그릇에 담으면 왠지 모르게 맛있어 보인다. 따라서 식기 하나만 바꿔도 식사는 풍요롭게 느껴질 수 있다.

나는 오키나와의 도자기 '야치문ʸᵃᵗᶜʰⁱᵐᵘⁿ'을 전문적으로 취급하는 니라이카나이지유가오카라는 가게를 운영하고 있다. 다양한 종류의 도자기가 갖추어져 있고, 그 디자인에 따라 담아내는 요리의 분위기도 완전히 달라진다.

가게를 운영하고 있어 온라인 사진 및 영상 공유 애플리케이션인 인스타그램도 정기적으로 확인하는데 '#やちむんᵒᵏⁱⁿᵃ'으로 검색하면 오키나와 도자기에 담은 요리 사진이 많이 올라와 있다. 식사 내용은 바꾸지 않고 식기만 바꿔도 맛있어 보이니 정말 신기하다.

식사를 엔터테인먼트로 생각한다면 식기를 이용한 연출도 권하고 싶다.

몸과 마음의 건강을 위한 HACK

혈당 스파이크를 피한다

재택근무에만 한정된 이야기는 아니지만 일을 하면서 신경을 써야 하는 부분이 식후의 혈당이다. 식사한 뒤에는 반드시 혈당 수치가 올라간다. 혈당은 집중력에도 영향을 끼친다. 그 말을 듣고 센서를 이용해 2주 동안 혈당 수치를 측정해보았다. 지금까지는 혈당 수치를 재려면 그때그때 혈액을 채취해야 했지만, 최근에는 2주 동안 부착하면 실시간으로 혈당을 측정해 그래프로 보여주는 프리스타일리브레FreeStyle Libre가 출시되었다. 그 센서를 부착하고 혈당을 쟀더니 그 결과 많은 사실을 알 수 있었다.

　가장 놀라운 것이 화과자和菓子다. 아침 식사 대신 사쿠라모치桜餅를 먹었더니 110이었던 혈당 수치가 150까지 급격하게 상승했다.

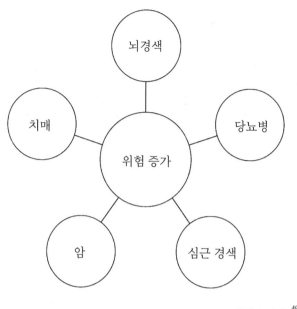

혈당 스파이크[40]

작은 떡 하나가 점심이나 저녁 식사를 했을 때보다 혈당 수치에 큰 변화를 준 것이다. 확실히 사쿠라모치 떡은 단팥이라는 당질 덩어리를 탄수화물인 떡으로 감싸기 때문에 혈당을 올리는 요소가 듬뿍 포함되어 있다. 생각해보면 당연한 현상이다. 이렇게 급상승한 혈당 수치는 얼마 지나지 않아 다시 쑥 내려갔다. 인슐린 분

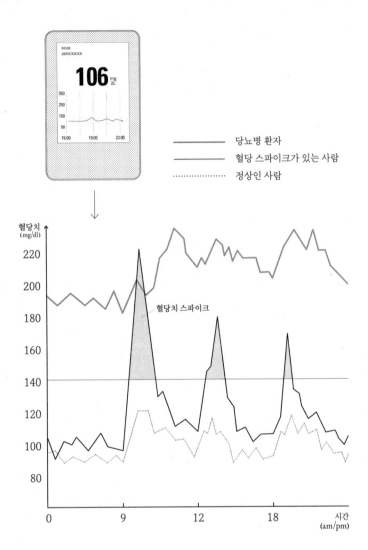

혈당치 변동 그래프

비에 의한 효과다. 급상승한 혈당 수치를 정상으로 되돌리기 위해 췌장이 최대한 가동한 것이다.

이처럼 혈당 수치의 급격한 상승과 그 반동에 의한 급강하를 '혈당 스파이크'라고 한다. 혈당 수치가 급상승하면 조절을 위해 인슐린이 대량으로 분비되어 혈당 수치가 내려간다. 결국 인슐린을 분비하는 췌장이 혹사당하는데 이것이 췌장의 기능 저하를 초래하고 당뇨병은 물론 심경색이나 치매에도 걸리기 쉽게 만든다. 또 인슐린이 지나치게 분비되어 저혈당을 초래해 졸음을 유발하기도 하는데 식후에 졸음을 느끼는 원인 가운데 하나가 바로 이 혈당 스파이크라고 한다. 경험에 비추어 보아도 탄수화물 등 당질을 급격하게 섭취하면 몸이 나른해지고 일의 집중력도 떨어졌다.

그래서 가능하면 혈당 스파이크를 초래하지 않는 식사를 하도록 의식하게 되었다.

우선 당질이 많은 식사는 당연히 피해야 하고 섭취하는 순서에도 신경을 써야 한다. 야채를 먼저 섭취하고 그 이후에 메인 요리에 해당하는 생선이나 육류를 먹고 마지막에 밥을 먹는 순서를 지키면 혈당 스파이크가 발생하기 어렵다고 한다.[41]

최고의 간식을 찾아라

재택근무에서 혈당 스파이크를 일으키는 원인 가운데 하나로 간식을 꼽을 수 있다. 스트레스 때문에 자기도 모르게 간식을 먹게 된다는 이야기를 자주 듣는데, 손이 쉽게 가는 장소에 과자가 있으면 자주 손을 뻗게 된다. 칼로리가 높거나 당질이 많이 함유된 과자를 지속해서 섭취하면 당연히 몸에 나쁘다. 따라서 스트레스 해소용 간식을 선택할 때도 주의를 기울여야 한다.

이 부분만큼은 사람들의 기호가 다르기 때문에 함부로 권하기 어렵지만, 우리 아이들은 김을 좋아해서 간식 대신 김을 먹는 습관이 있다. 나 역시 김을 간식으로 가끔 먹는다. 건강 면에서 보면 문제는커녕 해조류를 섭취할 수 있기 때문에 오히려 몸에 좋다. 칼로리도 적어서 살이 찔 걱정도 없다.

최근에는 편의점에도 건강에 좋은 간식이 많이 진열되어 있다. 특히 내추럴로손Natural LAWSON은 건강을 생각한 상품 구성에 상당히 신경을 쓰고 있다. 샐러드치킨サラダチキン처럼 당질이 낮고 단백질이 많아 배가 부른 제품도 있다. 샐러드치킨바サラダチキンバー처럼 작고 먹기 쉬운 것을 냉장고에 저장해두어도 좋다.

스트레스 때문에 간식을 지나치게 섭취할 수 있다는 점을 염두에 두고 설사 과식을 하더라도 문제가 없는 간식을 준비하도록 신경을 써야 한다.

수면은 양이 아니라 질로 파악한다

식사 이상으로 중요한 것은 수면이다. 성실한 사람일수록 작업 시간이 길어 수면 시간이 줄어들 우려가 크다. 그러면 이튿날까지 피로가 남아 집중해서 일하기 어려운 악순환에 빠지기 쉽다.

뇌는 수면 중에도 무의식적으로 활동한다. 일하다가 신경 쓰이는 부분이나 고민이 있다고 해도 그런 무의식의 활동에 맡기고 확실하게 휴식을 취하는 것이 바람직하다.

수면의 질을 높이기 위한 노력은 다양하다. 베개 하나를 선택하는 일도 매우 심오해서 본인의 체형에 맞도록 베개를 맞춤형으로 제작할 수 있는 곳도 있다. 나도 한 개 구입했는데 확실히 내 체형에 맞추어 제작된 베개는 편안한 느낌을 준다. 또 가격이 꽤 비쌌지만,

큰마음 먹고 구입한 템퍼의 매트리스는 정말 큰 도움을 주었다. 몸에 맞추어 형태가 바뀌기 때문에 척추에 무리하게 힘이 들어가지 않아 편안하게 잠을 잘 수 있고 아침에 개운하게 일어날 수 있다.

수면의 질을 확인하기 위해 매트리스 아래에 깔아 압력 센서와 음성으로 수면의 질을 측정하는 위딩스슬립Withings Sleep이라는 수면 센서도 있다. 수면 시간, 수면의 깊이, 수면 중에 깨어난 횟수, 잠이 들 때까지 걸린 시간 등을 측정해준다. 수면이라는 무의식 상태에서의 행동 기록은 자신이 의식하지 못한 상태에서 일어나는 움직임과 몸의 변화를 깨닫게 해준다.

몸과 마음의 건강을 위한 HACK

20분의 낮잠으로 집중력을 회복한다

재택근무에서 가장 죄책감을 느끼기 쉬운 행위는 낮잠이다. 사무실에서는 일하는 도중에는 잠을 잘 수 없지만, 재택근무라면 피곤한 상태로 일을 지속하기보다 가볍게 낮잠을 자서 일의 효율성을 높일 수 있다. 낮잠은 합리적인 판단인데도 사무실에서는 주변 사람의 시선이 신경 쓰여 실행하기가 어렵다. 사무실 근무의 비합리성이 이 부분에서 단적으로 나타난다.

이런 낮잠을 '파워 냅power nap'이라고 부른다. 파워 냅은 집중력을 회복하기 위한 긍정적인 낮잠으로, 일을 게을리하는 것이 아니다. 낮잠을 잔 이후에 바로 집중할 수 있도록 파워 냅에 들어가기 직전에 커피를 마시는 것도 좋다. 그렇게 하면 파워 냅이 끝날 시점에 카페인이 효과를 발휘해 쉽게 잠에서 깨어날 수 있다.

낮잠과 관련된 다양한 연구에서는 30분 이내의 낮잠을 권장한다. 너무 오래 자면 일어났을 때 한동안 멍한 상태에 놓이게 되고 저녁에 잠이 들기 어려워진다. 30분 이내라면 그러한 현상은 발생하지 않는다. 나는 대략 20분 정도를 기준으로 낮잠을 자는 경우가 많다.

낮잠을 잘 때 권하고 싶은 도구가 템퍼의 수면 안대인 슬립마스크Sleep Mask다. 신체의 압력을 분산해주는 소재로 만든 베개와 매트리스로 유명한 회사가 만들어 착용감이 꽤 좋다.

눈의 피로를 풀고 싶은 사람에게는 생활용품 회사 가오花王에서 나오는 메구리즘 증기핫아이마스크めぐりズム 蒸気でホットアイマスク를 권한다. 밤에 잠들기 전에 사용해도 좋지만 낮잠을 잘 때 사용해도 효과적이다. 아이마스크 역시 사무실에서는 사용하기 어렵지만, 재택근무라면 마음 놓고 사용할 수 있다.

목의 피로를 무시하지 않는다

계속 의자에 앉아 일하다 보면 허리는 물론 어깨나 목에도 피로가 쌓인다. 사람에 따라서는 머리 받침대가 있는 의자를 사용해 목의 피로를 줄이기도 한다. 나도 의자에 머리 받침대를 설치해서 사용한다. 머리 받침대의 유무에 따라 목의 피로에 상당한 차이가 생긴다.

머리 받침대가 없는 의자를 사용하는 사람도 많다. 그럴 때 목에 감는 타입의 목 받침대를 권한다. 출장으로 이동할 때 사용하던 것을 일할 때도 목에 감아보았더니 머리의 무게가 적당히 분산되어 피로가 훨씬 덜 느껴졌다. 특히 저녁 이후 목이나 어깨가 지치는 시간대에 착용하면 그 효과를 실감할 수 있다.

칼데라릴리프CALDERA Releaf라는 제품을 권한다. 반발력이 낮은 쿠션을 목에 감는 방식으로, 비즈beads

가 들어가 있는 목 받침대보다 튼튼하게 제작되어 목
을 확실하게 보호해준다. 사용해보면 알 수 있지만, 머
리를 지탱해주는 느낌이 다른 목 받침대와는 전혀 다
르다. 주로 교통사고로 목과 어깨에 발생하는 편타성
손상 등에 사용하는 목 받침대처럼 사용할 수 있다.

10분 휴식을 자주 이용한다

줌으로 계속해서 회의를 하다 보면 화장실 갈 틈도 없을 때가 있다. 혼자 하는 작업이라면 적당히 쉬면 되지만 회의인 경우에는 마음 놓고 쉴 수 없다. 따라서 가능하면 5분에서 10분 정도의 짧은 휴식을 취할 수 있도록 신경을 쓰는 것이 좋다.

이런 짧은 휴식을 스케줄에 적용하기에는 번거롭다. 따라서 각 일정 전후에 비는 시간을 의식적으로 만든다. 가령 회의를 할 때 예정된 30분을 모두 사용하는 것이 아니라 25분 정도에 마쳐 쉴 수 있는 시간을 확보하는 것이다.

보통 사무실에서는 굳이 의식하지 않아도 이런 휴식을 취할 수 있다. 회의실로 이동하는 시간이나 화장실에 갈 때 등 눈에 보이지 않는 휴식 시간이 있다.

하지만 재택근무는 계속 방에만 있기 때문에 그런 식으로 짧게 쉴 수 있는 시간이 의외로 없다.

10분 휴식에 활용할 수 있는 도구도 준비해두자. 재택근무에서는 수분 보충도 매우 중요하므로 더운 날에는 생수병을 책상에 놓아두고 틈날 때마다 수분을 보충하는 게 좋다. 휴식 없이 긴 시간 일을 지속하는 것보다는 이런 식으로 짬을 내어 휴식을 취하면 일의 성과도 올라간다.

몸과 마음의 건강을 위한 HACK

자신만의 회복 방법을 가진다

너무 피곤할 때를 대비해 자기만의 회복 방법을 마련해두는 것도 중요하다. 가령 음료수를 마신다거나 좋아하는 영화를 보는 식으로 힘을 낼 수 있는 자기만의 방법을 준비해두는 것이다. 다양한 스트레스에서 벗어나고 싶을 때 이런 방법을 활용하면 좋다.

재미있는 동영상을 시청하며 웃는 것도 한 가지 방법이다. 사람은 즐거울 때 얼굴에 미소를 짓게 된다. 그렇다면 즐겁지 않을 때 미소를 지으면 어떻게 될까? 심리학 실험에 따르면 미소를 짓는 것만으로 사람은 즐거운 기분이 든다고 한다. 즉 표정부터 만드는 것이 중요하다. 재미있는 동영상을 시청하고 미소를 지으면 그 표정을 통해 즐거운 기분이 드는 것이다.

그런 의미에서 이 회복 방법은 자기 성취적이다. 자기 성취라는 말은 예언과 관련된 표현으로 자주 사용된다. 예언과 관련된 자기 성취는 예언을 들은 사람이 무의식중에 그 예언이 실현될 수 있도록 행동해 결국 예언이 실현되는 현상을 가리킨다. 좋은 예언이든 나쁜 예언이든 마찬가지라고 한다. 흔히 "좋은 예언만 믿는다."고 말하는 사람이 있는데 이것은 어떤 의미에서 올바른 태도이기도 하다. 그리고 이 회복 방법 역시 '회복된다'는 믿음을 통해 자기 성취의 마법으로 제 기능을 하게 된다.

여러 일을 함께 진행하며
슬럼프를 방지한다

누구나 슬럼프가 있다. 슬럼프에 빠졌을 때 하고 있는 일이 하나뿐이라면 그 슬럼프에 정면으로 맞서야 하므로 점점 더 기분이 가라앉는다. 기분이 가라앉으면 원하는 성과가 나오지 않는다. 이런 것을 악순환이라고 한다. 악순환은 그 말대로 '순환'이기 때문에 부정적인 기분이 계속 반복된다. 따라서 어디선가 그 순환 고리를 끊어야만 한다.

이를 위해서 여러 종류의 일을 하는 '겸업 워크 스타일'을 권한다. 여러 종류의 일을 동시에 병행하면 슬럼프에서 빠져나오기가 쉽다. 어떤 일 때문에 슬럼프에 빠졌다고 해도, 다른 일에 몰두해 그 슬럼프에서 벗어날 수 있기 때문이다.

나는 박사학위 논문 집필에 대한 부담이 너무 커

늘 슬럼프라고 말해도 좋을 정도로 줄곧 머리를 싸매고 있다. 그러나 같은 글이라도 이 책처럼 일상과 관련된 내용이라면 부담 없이 쓸 수 있다. 일에 관한 기획서를 쓰는 것도 익숙하다. 박사학위 논문을 쓰다가 막힐 때는 일상과 관련된 문장이나 기획서를 쓰는 것으로 일의 리듬을 되찾으려고 노력해본다.

바꾸어 말하면 '현실 도피력'이라 할 수 있다. A라는 일을 하다가 막히면 B라는 일을 하고 싶어진다. 원래 B라는 일도 기분이 내키지 않았지만, A라는 더 큰 장애에 부딪히면 현실 도피로 B라는 일을 진행하게 된다. 여러 종류의 일을 진행하면 이런 식으로 대상을 바꾸어가며 상태를 조절할 수 있다.

좋은 의미에서의 현실 도피력을 발휘하기 위해서 여러 종류의 일을 동시에 병행하는 것이 좋다.

⑦④ 여행하면서 일하는 워케이션

최근에는 여행하면서 일하는 '워케이션Workcation'이라는 새로운 방식이 등장하고 있다. 일이라는 뜻의 워크 work와 휴가라는 의미의 배케이션vacation을 조합한 이 말은 지금까지처럼 폐쇄된 공간이 아닌 개방적인 공간에서 일을 한다는 새로운 시대의 분위기를 담고 있다.

재택근무를 할 수 있다면 일하는 장소가 집 안이든 집 밖이든 차이가 없다. 그렇다면 전 세계 각 지역을 여행하면서 일할 수도 있다. 해외의 슈퍼 엔지니어 가운데는 세계 각국을 돌아다니면서 다양한 프로젝트에 참가하는 사람도 있다. 가령 유명 작가가 전통 료칸旅館에 머물며 집필을 하듯 나도 온천 여관에서 책을 쓴 적이 있다. 겨울에 따뜻한 오키나와에서 일과 관련된 아이디어를 짜낸 적도 있다. 인터넷과 컴퓨터만 있으면 집에서처럼 일할 수 있다는 사실을 깨달으면 '모두 사무실에서 일하는데 이런 장소에 있다니 왠지 미안한데.'라는 생각이 든다. 집에 틀어박혀 일하는 것보다는 훨씬 쾌적한 환경에서 성과를 올릴 수 있다.

이러한 작업 방식을 위한 서비스가 여러 장소에서 생겨나고 있다. 그 가운데 하나가 규슈아일랜드워크Kyushu Island Work, KIW다. 규슈아일랜드워크는 규슈 각지에 다양한 워크 플레이스work place를 두고 있다. 장소에 따라서는 폐교, 폐업한 료칸, 낡은 민가 등 다양하다. 매달 일정액을 지불하면 이러한 워크 플레이스를 마음껏 사용할 수 있다. 최종적으로는 350개 이상의 워크 플레이스를 마련할 예정이라고 한다.

그 밖에도 정액제로 원하는 곳에 지낼 수 있는 다거점 생활 플랫폼인 어드레스ADDress 또한 워케이션에 잘 맞는다. 어드레스에 등록된 전국 각지의 장소에서 일정 기간 생활할 수 있기 때문에 한 장소가 질리면 다른 장소로 옮길 수 있다. 전일본공수항공ANA과 협력해 비행기 요금도 정액으로 이용할 수 있는 옵션도 있어 새로운 시대의 라이프 스타일, 워크 스타일을 이끌어 가는 서비스다.

고독을 이겨내는 비결

지금까지 운동 부족이나 식사 문제 등을 중심으로 건강 문제를 다루었는데 가장 심각한 문제는 고독이다. 집에서 혼자 일을 하면 당연히 고독감을 느낀다. 여기에 일에서 문제가 일어나거나 스트레스 등이 겹치면 어떻게 될까? 주변에 가볍게 상담할 수 있는 사람도 없다면 편해야 할 재택근무가 괴롭고 힘들어진다.

재택근무를 시작한 사람들 대부분이 처음에는 이런 고독감 때문에 고민한다. 어떻게 하면 고독을 이겨낼 수 있을까?

재택근무에서 고독해지는 사람과 그렇지 않은 사람의 차이는 취미 여부에 달려 있다. 재택근무를 하면서 시간을 자유롭게 사용할 수 있게 되면 취미를 즐길 시간도 만들 수 있다. 나는 취미로 기타를 친다. 기타 선생님과 하는 일대일 수업은 평일 낮에 온라인으로 받고 있다. 사무실에서 근무하지 않기 때문에 할 수 있는 취미다. 지금은 1년에 한두 차례 진행하는 라이브 공연을 위해 연습도 하고 있다.

정년퇴직을 하면 하루하루가 일요일 같을 것이다. 그때 갑자기 취미를 시작한다고 해도 도전할 수 있는 범위는 한정된다. 음악 등은 나름대로 연습이 필요하다. 그러다 보니 정년 이후에 급작스럽게 시작하면 오래 하기가 힘들다. 따라서 미래를 예상하고 취미를 늘려두어야 한다.

취미는 일에도 선순환을 불러온다. 첫째는 인맥이다. 취미를 통한 이해관계가 없는 만남 속에서 일과 관련된 다양한 기회도 얻을 수 있다. 내가 문화청의 '일본 유산' 프로젝트를 맡게 된 것은 노가쿠를 배우는 동료의 소개 덕분이었다. 처음 만나는 사람과 취미와 관련된 대화를 나누다 보면 단번에 거리를 좁힐 수 있다.

둘째는 활동할 수 있는 장소가 넓어진다는 것이다. 일본 유산 프로젝트를 맡은 것을 계기로 '문화재를 활용한 지역 활성화'라는 주제로 연구를 하게 되면서 교토예술대학 박사 과정에 진학했다. 그렇게 연구를 하다 보니 이번에는 '지역 주민의 창조성을 어떻게 끌어낼 것인가?' 하는 주제가 떠올랐고 그것이 지금의 본업인 이노베이션 컨설팅과도 연결되었다.

취미가 같은 사람들끼리 만나기 때문에 그 뿌리에는 이미 깊은 연관성이 존재한다. 거기에서 새로운 연결 가능성이 보이면 더 깊은 상승 효과를 일으켜 새로운 연구와 실천을 할 수 있다. 취미가 일로 연결될 수 있는 것이다.

이처럼 기껏해야 취미 정도라고 무시할 수 없는 일이 펼쳐질 때가 있다. 앞으로의 작업 방식에서는 일과 취미의 경계가 점차 사라질 것이다.

재택근무에서의 고독을 오히려 새로운 만남의 기회로 활용하는 것, 그 가운데 하나가 취미라는 세계다.

친목을 도모해주는 랜선 회식

최근에는 줌을 사용한 랜선 회식도 유행하고 있다. 각자 방에 술과 음식을 준비하고 줌을 연결한다. 술을 마시면서 잡담을 나누는 것뿐이지만 나도 해보니 꽤 현장감이 있어서 재미있었다. 그리고 의외로 거리감이 느껴지지도 않았다.

랜선 회식은 집에서 할 수 있기 때문에 일부러 외출할 필요도 없고 요금도 싸다는 장점이 있다. 또한 회식 제안을 하면 시간이 비는 사람들이 편하게 참가할 수 있고 대중교통 시간에 신경 쓰지 않아도 된다. 평범한 회식은 물론 스포츠 바sports bar[42]처럼 축구 시합을 보면서 대화를 나눌 수도 있으며 꽃이나 불꽃놀이 영상을 틀어 분위기를 낼 수도 있다. 동영상이나 영화 같은 콘텐츠를 보며 회식을 즐기는 경우도 많다.

또 랜선 회식은 생각하지도 않은 멤버가 모인다

는 우연성도 기대할 수 있다. 실제 회식이라면 누구를 불러야 할지 꽤 신경이 쓰인다. 모르는 사람끼리 소개할 때는 나름대로 서로가 잘 맞을지 생각해야 한다. 그러나 랜선 회식은 참가자의 장벽이 낮기 때문에 그렇게까지 신경을 쓰지 않아도 된다.

한번은 페이스북으로 랜선 회식 멤버를 공개적으로 모집했는데 나와 관련은 있지만 거의 모두 첫 대면인 회식을 하게 되었다. 그래도 공통의 흥밋거리와 관심사를 바로 발견해 금세 마음 편히 대화를 나눌 수 있었고 회식도 즐겁게 마칠 수 있었다. 참가 장소도 미야기현宮城県 센다이仙台, 효고현兵庫県 단바사사야마丹波篠山, 가나가와현神奈川県 가와사키川崎, 도쿄 등 각양각색이어서 인터넷의 위대함을 실감할 수 있었다.

오프라인에서라면 절대로 만날 수 없는 사람들과 만날 수 있는 이런 랜선 회식은 앞으로 새로운 인맥 만들기의 형태와 커뮤니티의 가능성을 제시해준다.

몸과 마음의 균형을 유지한다

'병은 마음에서 온다.'는 말이 있을 정도로 몸과 마음의 관계 문제는 의료 현장에서도 자주 다루어져 왔다. 지금까지 언급했듯이 재택근무에서는 가시적인 성과 위주로 평가가 이루어졌기 때문에 정작 중요한 몸의 문제는 방치되었다. 예전에는 몸과 마음의 관계 문제를 두고 '마음의 상태가 신체의 건강에 영향을 끼친다'는 점이 강조되었는데 재택근무에서는 반대로 '신체의 건강이 마음의 상태에 영향을 끼친다'라는 점을 강하게 의식해야 한다.

의자에 앉아 계속 일을 하다 보면 건강을 해친다. 긴 시간 일을 하면서 수면 시간이 줄어들면 건강은 더욱 나빠진다. 그런 상태가 마음에도 나쁜 영향을 끼친다. 재택근무에서 고독이라는 문제는 단순히 동료가 없어서 외롭다는 것뿐 아니라 신체라는 존재가 이런 식으로 잊히는 것에 대한 경고라고 생각해도 좋다.

신체는 지적 생산에 불필요한 것일까? 이미 '커뮤니케이션 HACK'에서도 살펴보았듯 아이디어라는 것은 그 바탕에 있는 이미지가 중요하다. 문장 하나를 작성할 때도 이미지가 형성되어 있지 않으면 써나갈 수 없다. 그리고 그 이미지의 원천은 우리의 무의식을 포함한 의식 전체이며 그 의식은 우리의 몸에 깃든 다양한 감각을 통해 발생한다.

만진다, 듣는다, 두드린다 등 행동을 수반한 표현을 사용할 때 우리는 그것을 신체적으로 이미지화한다. 감동하는 것을 '심금心琴을 울린다'고 말하는데 심금, 즉 마음의 거문고 줄을 울리려면 만지고 듣고 두드리는 행동이 따라야 한다. 이런 표현 하나하나의 배경에 강렬한 신체 감각이 깃들어 있는 것이다.

일의 능력이라는 것은 궁극적으로 신체의 능력이다. 신체 감각을 소홀히 한 상태에서 지속해서 우수한 성과를 내기는 어렵다. 신체가 정돈되어 있어야 비로소 마음이 정돈되고 일에도 착수할 수 있다.

재택근무는 단순히 일하는 장소를 바꾸는 것에 머무르지 않는다. 그것은 거주지, 즉 '삶의 자리'를 바꾸는 것이며, 이를 위해서는 '누구를 위해 일을 하는가, 무엇을 위해 일을 하는가?'라는 물음에 새로운 방식의 답을 제시해야 한다.

하나의 회사를 위해서라기보다 하나의 업계를 위해, 하나의 업계를 위해서라기보다 하나의 사회를 위해, 하나의 사회를 위해서라기보다 세계를 위해 자신이 존재하는 위치를 더 넓은 장소로 옮겨 자리매김해 나간다. 그 계기가 바로 재택근무다.

그런 관점에서 생각하면 재택근무는 일의 커다란 전환과 연결된다. 이제부터 일의 커다란 전환에 대해 알아보자.

부업 HACK

자신의 가능성을 넓혀
새로운 수입원을 얻는다

정보 전달로
나만의 브랜드를 만든다

재택근무는 회사와의 교류 방식도 바꾼다. 지금까지는 회사라는 물리적인 시설 안에서 마치 방공호 안에 있는 것처럼 보호를 받았다. '동료는 제2의 가족'이라는 일본식 경영도 한솥밥을 먹으며 동고동락하는 사이까지는 아니더라도 같은 장소에서 일한다는 물리적인 이미지로 뒷받침되었다.

재택근무를 한다는 것은 물리적으로 그런 틀에서 해방된다는 것을 뜻한다. 재택근무를 할 경우 가족과 같은 관계가 아닌 새로운 관계가 형성된다. 다시 말해 서로 자립해 있는 대등한 관계다. 예를 들어 대학 교수나 의사, 변호사, 프로 스포츠 선수나 탤런트 등 개인 사업자와 비슷한 독립적인 전문가로서 기업과 교류하는 관계가 되는 것이다.

일본 최대 아이돌 연예기획사 자니스사무소ジャニーズ事務所에서 그룹 스맙SMAP의 멤버 세 명이 독립한 것이나 주로 개그맨이 많이 소속되어 있는 연예기획사 요시모토코교吉本興業의 행사 뒷거래 문제 등으로 소속사와 연예인의 관계가 재조명된 것도 우연이 아니라 이런 시대적 흐름과 관련이 있을 수 있다.

유튜브를 이용하면 연예인도 회사에 의존하지 않고 큰 수익을 올릴 수 있는 시대가 되었다. 즉 물리적인 일터의 변경에 그치지 않고 소속 그 자체의 의미를 돌아보아야 할 때다.

따라서 이제는 회사원도 정보 전달 방식을 다시 생각해야 한다. 각각 전문성을 가지고 전문가로서 긍지를 품고 일에 착수해야 한다. 이때 그 사람의 전문성은 그가 평소에 어떤 아웃풋을 하고 있는지를 기준으로 측정된다. 대학 교수라면 연구 논문, 의사는 임상 사례 발표, 프로 스포츠 선수는 시합 성적뿐 아니라 평소의 행동도 주목을 받는다. 회사 안에서의 성과에 그치지 않고 자기 표현을 하기 위해서도 전문가 입장에서 정보 전달을 해야 한다.

그리고 사람들에게 정보를 전달하려면 미리 구성

을 생각하거나 조사해야 한다. 즉 아웃풋을 하려면 인풋이 필요하다. 자신을 미디어화하다 보면 지금까지 신경 쓰지 않았던 대상에 신경을 써야 하고 위화감을 중시해야 하며 감성도 예민해진다. 유튜브나 블로그 등 자신의 미디어를 가진다는 것은 자기 자신을 미디어적인 신체로 재조합하는 일이기도 하다. 그리고 그 미디어가 최종적으로 자신의 브랜드가 된다.

79

5G 시대를 맞아 유튜버로 데뷔한다

나도 이참에 집을 유튜브 동영상 촬영 스튜디오로 바꿔 동영상 방송을 할 수 있도록 만들었다.

충실한 인프라도 이런 동영상 방송을 뒷받침해준다. 2020년 현재 5G 네트워크는 전국적으로 확대되었다. 5G의 특징은 당연히 고속 통신이고 이제 요금제도 종량제가 아닌 정액제로 바뀌어야 할 것이다.

나는 이를 먼저 체험하기 위해 휴대전화를 마음껏 인터넷을 사용할 수 있는 요금제로 가입했다. 가입해보니 지금까지 동영상을 보면서 데이터 양이 줄어들 때마다 느끼던 두려움이 사라졌고, 언제 어디서든 동영상을 마음껏 즐길 수 있게 되었다. 출장길에서는 고속전철 안에서 데이터 양을 신경 쓸 필요 없이 영화를 관람하고 산책할 때는 유튜브 동영상을 마음껏 즐기면서 걷는 등 동영상을 대하는 방식이 완전히 바뀌었다. 이제 누구나 데이터 양을 신경 쓰지 않고 동영상을 시청하는 시대가 눈앞에 다가온 것이다.

이런 동영상 시청 문화는 신종 코로나바이러스 감염증이 확산된 이후 강하게 추진되었다. 텔레비전 방송은 사람들이 모이는 녹화를 할 수 없게 되어 프로그램 대부분을 재방송이나 과거의 녹화 편집 등으로 메우게 되었다. 한편 유튜브는 적은 인원으로도 녹화를 할 수 있어 문제 없이 새로운 작품을 지속해서 만들어낸다. 사무실 근무에서 재택근무로의 전환이 일어났듯 미디어 세계에서도 매스 미디어에서 개인 미디어로의 전환이 일어나고 있다.

80

집을 유튜브 스튜디오로
만드는 데 필요한 기자재

유튜브 이야기를 해보자. 시사 문제를 다루는 사업가 호리에 다카후미堀江貴文의 유튜브 채널 호리에몬채널 등은 아마 매니저의 스마트폰으로 촬영한 것을 그대로 올리거나 비싸고 대단한 기자재도 사용하지 않는 것 같다. 그렇게도 동영상을 올릴 수 있다.

하지만 공들여 동영상을 찍어 사람들에게 보여주려면 좀 더 신경을 쓰는 것이 바람직하다. 참고로 우리 집 스튜디오 설비를 소개하겠다.

우선 카메라다. 웹 카메라를 사용해 제작해도 좋지만 아무래도 화질이 떨어진다. 나는 소니의 미러리스 카메라 α6600으로 영상을 촬영해 올린다. 그대로 컴퓨터에 연결할 수는 없어 아템미니ATEM Mini라는 스위처switcher를 이용해 연결하고 동영상을 전송한다. 아템미니는 매우 우수해서 일반 텔레비전이나 비디오 레코더에서 사용하는 HDMI 케이블을 통해 최대 4개의 동영상을 전송할 수 있고 버튼 하나로 동영상 전환을 할 수 있다. 또 화면 구석에 별도의 화면을 표시하는 픽처 인 픽처picture in picture 기능이나 화상을 잘라내 표시하는 크로마키chroma-key 합성 기능도 있다.

아템미니에 미러리스 카메라, 전체가 한눈에 들어오는 넓은 각도의 소형 카메라인 소니 RXO, 프레젠테이션을 표시하기 위한 맥북, 펜으로 작성한 메모 등을 표시하기 위한 아이패드프로 등 4가지를 연결해 적절하게 전환하며 동영상을 찍는다. 하지만 요즘은 스마트폰 카메라의 성능이 엄청나게 향상되었기 때문에 스마트폰 카메라로도 충분히 동영상을 찍을 수 있다.

지금은 카메라보다 중요한 것이 조명이다. 천장에 부착된 전등은 눈 아래에 다크서클 같은 그림자를 만들어 어딘가 건강하지 못한 듯한 느낌을 준다. 그림자가 생기지 않도록 LED 조명을 비추면 얼굴도 선명하게 찍히고 건강해 보인다. 고리 모양으로 생긴 셀프 카메라용 LED 조명도 효과적이다.

영상뿐 아니라 음성에도 신경을 쓴다. 일반 마이

크는 아무래도 음질이 나쁘고 알아듣기 어려우므로 콘덴서 마이크condenser mike를 이용해 음성을 녹음한다. 콘덴서 마이크는 전원이 필요하기 때문에 전력을 공급할 수 있는 음성 믹서인 팬텀phantom 전원을 사용한다. 이렇게 갖추어놓고 보니 마치 라디오 방송국 같다.

촬영한 이후에는 편집이다. 다양한 편집 애플리케이션이 있으므로 마음에 드는 것을 사용하면 된다. 본격적으로 영상 편집에 도전할 생각이라면 어도비 프리미어Adobe Premiere를 권하고 싶지만 가볍게 동영상 편집을 할 수 있는 러시Rush라는 애플리케이션도 편리하다. 나는 간단히 제목을 넣거나 영상 분위기를 바꿀 수 있는 원더셰어 필모라9Wondershare Filmora9이라는 애플리케이션을 사용하고 있다. 어떤 프로그램이든 자신에게 맞는 애플리케이션을 선택하면 된다.

81

노트에 콘텐츠를 저장한다

정보 전달 미디어로 또 하나 권하고 싶은 것은 '커뮤니케이션 HACK'에서도 소개한 노트다. 블로그와 비슷한 개념인데 개별 기사에 가격을 책정해 판매하거나 매거진이라는 단위로 기사를 정리해 정기 구독을 할 수 있도록 하는 구조로 되어 있다. 콘텐츠를 전달할 뿐만 아니라 수익도 창출하는 구조로 되어 있어 프리랜서나 부업으로 미디어 사업을 시작할 때 매우 편리하다.

나는 동영상 전달 매체를 찾다가 노트를 본격적으로 사용하기 시작했다. 처음에는 비메오Vimeo라는 동영상 플랫폼에서 동영상 세미나의 예약 구독을 시작했다. 한 달에 1,000엔으로 동영상 세미나를 마음껏 볼 수 있는 서비스다. 그리고 그 뒤에 같은 동영상을 노트에도 올리기 시작했다. 비메오는 동영상만 올릴 수 있지만, 노트는 기본적으로 글을 토대로 한 기사가 대부분이어서 동영상과 함께 글도 올리다 보니 노트를 더 자주 사용하게 되었다.

노트로 기사를 쓰면서 느낀 점은 잡지처럼 정보를 전달할 수 있다는 것이다. 정기구독해주는 사람들을 위해 매달 다양한 콘텐츠를 제공하는데, 그 '월 단위'라는 감각이 마치 월간지와 비슷하다.

잡지가 그렇듯 노트에서 연재하는 매거진도 어느 정도 전문 영역으로 축소하는 것이 바람직하다. 독자층이 어느 정도나 될지 머릿속에 그리면서 독자가 읽고 싶어 하는 내용을 써나가면서 이와 함께 자신이 쓰고 싶은 것, 자신이 쓸 수 있는 것이라는 세 가지 영역이 겹쳐지는 콘텐츠를 생각할 필요가 있다.

나는 전문 영역 가운데 하나인 비즈니스 모델에 관한 매거진과 동영상으로 올리는 세미나 시리즈 매거진, 이 두 가지를 축으로 전개하고 있다. 앞으로 또 다른 전문 분야인 지역 활성화를 위한 문화재 활용에 관한 매거진을 계획하고 있다.

82

개인 라디오 프로그램을 운영한다

음성 콘텐츠 역시 최근에 뜨거운 영역이다. 이전에도 언급했듯 음성을 이용한 인풋이 주목을 끌고 있다.

영상과 비교하면 음성 콘텐츠에는 필요한 기자재 수가 극히 적다. 음성만 깨끗하게 녹음할 수 있으면 되기 때문에 마이크 외에 영상용 카메라나 조명도 필요하지 않다. 수록한 데이터의 용량도 음성의 경우에는 매우 작고 편집도 간단하다.

음성 콘텐츠는 글을 쓰는 것보다 제작하는 시간이 짧다. 글은 쓰고 추가하고 다듬는 등 뜻밖에 품이 많이 든다. 간단히 녹음해 올리면 되는 음성 콘텐츠는 훨씬 편리하다. 라디오가 그러하듯 음성 콘텐츠는 듣는 사람과의 거리가 가깝게 느껴져 말하는 이의 매력을 쉽게 전달할 수 있다.

나는 히말라야 서비스를 사용한다. 전용 스마트폰 애플리케이션으로 녹음하면 그대로 공개할 수 있는 간단한 서비스다. 스마트폰 마이크를 사용해 그대로 녹음해도 좋지만 핀 마이크 등을 사용해 녹음하면 음질이 훨씬 좋다. 아이폰을 사용하고 있다면 라이트닝 Lightning 케이블을 이용해 직접 핀 마이크에 연결해서 녹음하면 된다.

83

재택근무를 하며 인맥을 만든다

예전에는 인맥을 늘리기 위해서 직접 사람을 만나 식사를 하거나 이야기를 나누어야 했다. 그러나 지금은 사람과 연결되는 접점이 SNS로 옮겨갔다. 앞에서 이야기한 동영상 세미나 서비스에서의 강연 의뢰 등은 대부분 페이스북이나 트위터를 통해 받는다. 지금과 같은 재택근무 시대에는 집에서도 얼마든지 인맥을 늘릴 수 있다.

나는 겁내지 않고 메시지를 보내는 편이지만 전혀 모르는 사람에게 갑자기 메시지를 보내는 것이 마음에 걸리는 사람이 있다면 처음에는 페이스북이나 트위터에 댓글을 다는 것부터 시작하면 좋을 것이다. 상대방에게 자신의 존재를 인식하게 한 뒤에 메시지를 보내면 장벽도 상당히 낮아진다.

지금까지와 다른 점은 다른 사람을 상대하게 되었을 때 자신이 어떤 사람인지 정보를 확실하게 전달해야 할 필요가 있다는 것이다. 직접 만나는 것이 아닌 만큼 당신을 알 수 있는 정보는 당신이 작성한 블로그 글이나 게시물뿐이다. 그것을 보면서 상대방을 판단하므로 평소에 SNS에서의 정보 전달이 당연히 중요해진다.

인맥을 넓힐 뿐만 아니라 기존의 인맥을 키우는 것도 중요하다. 서로 SNS 친구로 등록해두면 몇 년 만에 만나더라도 자주 만난 사람처럼 자연스럽게 대화를 나눌 수 있다. 한 번의 인연으로 끝나는 것이 아니라 꾸준히 인맥의 뿌리를 내리는 것이다.

SNS에 글을 올리는 것은 자신과 관련된 사람에게 보내는 선물이기도 하다. 그 선물을 평소에 얼마나 자주 건네는가로 인맥의 성숙도는 바뀐다.

84

커뮤니티를 운영해 인맥의 폭을 넓힌다

인맥을 넓히기 위해 직접 동아리를 만드는 방법도 좋다. 나는 음악 밴드를 만들거나 비즈니스 모델을 보급하고 개발하는 사단법인을 만들거나 일이 있을 때마다 동료를 모아 그룹을 설립하는 일을 하고 있다.

나는 나고야상과대학대학원 비즈니스 스쿨의 재학생과 졸업생을 모아 '사업구상네트워크事業構想ネットワ ーク'라는 그룹도 운영하고 있다. 비즈니스 스쿨에서는 다양한 업계에서 종사하는 사람들이 공부하기 때문에 이것 역시 인맥을 넓히는 계기가 된다.

그렇게 해서 그룹을 운영하면 이번에는 그 그룹 자체가 구심점이 되어 사람들을 끌어모은다. 예를 들어 이벤트를 할 때 그룹에 소속되어 있는 사람이 많이 참가하면 유명한 사람도 부를 수 있다. 일반사단법인 비즈니스모델이노베이션협회에서는 연 1회 대규모 회의를 개최한다. 비즈니스 모델에 관심이 있어 모인 관중을 위해 디자인 사고와 지식 창조 이론으로 유명한 곤노 노보루紺野登, 예술적 사고 분야에서 유명한 야마구치 슈山口周, 행복학의 마에노 다카시前野隆司 등 매년 훌륭한 사람들의 강연을 마련하고 있다.

　이런 그룹의 운영도 지금은 꽤 편해졌다. 과거에는 정기적으로 얼굴을 보는 식으로 만나야 했다. 하지만 지금은 인터넷 시대다. 집에서 그룹을 운영할 수 있게 된 것이다. 페이스북 그룹을 사용해 정보를 교환해도 되고 프로젝트 형식으로 더욱 가까이 접촉하고 싶다면 슬랙에서 워크 플레이스를 만들어 사용하면 된다.

85

동료와 회사를 시작한다면
유한책임회사로

언젠가 뜻을 같이하는 동료를 만나 함께 신규 사업을
시작하게 되었다고 하자. 만약 상장을 생각한다면 유
한책임회사Limited Liability Company, LLC를 권한다. 일본에
서 현재 창업되고 있는 법인의 4분의 1이 유한책임회
사다. 애플이나 아마존, 구글 등의 일본 법인도 유한책
임회사로 설립되어 있다.

　　유한책임회사는 주식회사와 달리 소유와 경영이
분리되어 있지 않다. 주식회사의 경우에는 출자 금액
에 따라 주식이 할당되고 그 주식에 따라 배당 금액이
나 회사의 결정권이 바뀐다. 그럴 경우 경영에는 관여
하지 않지만, 처음에 돈을 많이 투자한 사람에게 배당
과 결정권이 집중되는 폐해가 발생한다.

　　지금 '돈'의 희소성은 점차 옅어지고 있다. 경제

	주식회사	유한책임회사
출자자의 명칭	주주	사원
출자자의 책임	유한책임	유한책임
설립과 운영에 필요한 인원수	1인 이상	1인 이상
의사 결정 최고 기관	주주총회	사원총회
업무 집행자	이사	업무 집행 사원 해당 사원을 선임하지 않는 경우에는 사원 전원
업무 집행자와 출자자의 관계	위임 계약 주주가 아닌 사람도 선임 가능	사원본인 사원 이외에는 선임 불가
업무 집행자의 임기	통상 2년 최대 10년	임기 없음
회사의 대표자	각 이사 대표 이사를 정하는 것도 가능	각 사원 대표 사원을 정하는 것도 가능
결산 공고	사업 연도마다 필요	불필요
출자자의 이익 배분	주식 비율에 맞추어 배분	출자 비율과 관계없이 사원의 합의로 자유롭게 배분
주식지분의 양도 자유	양도 제한을 둘 수도 있음	사원 전원의 동의가 필요함

주식회사와 유한책임회사의 차이[43]

전반적으로 제품과 서비스의 가격이 지속해서 하락하는 디플레이션을 극복하기 위해 일본 은행이 이자율을 내리고 돈을 시중에 풀어 돈이 남아돌고 있다. 한편 우수한 엔지니어 등의 인재는 여기저기에서 인기가 많다. 세계적으로 인재의 수요가 계속 높아지고 있다.

유한책임회사는 주식 수가 아니라 정관에 정한 바에 따라 수익을 배분할 수 있다. 가령 우수한 엔지니어에게는 더 많이 배분하는 등 조정이 가능한 것이다. 친한 동료끼리 서로의 공헌도를 지켜보며 변경할 수도 있다. 처음에는 프로젝트에 공헌하겠다고 했던 멤버가 막상 회사를 설립하니 그 정도는 아니었다거나 반대로 처음에는 별 가능성을 보이지 않던 멤버가 뜻밖에 큰 활약을 하는 상황에도 유연하게 대응할 수 있다.

주식회사라는 것은 사업에 거액의 투자금이 필요한 시대, 출자자와 모험가가 각각 달라도 법인을 설립할 수 있는 회사 형태였다.

하지만 지금처럼 다양한 자원과 인프라를 쉽게 손에 넣을 수 있는 시대에는 출자금이 그렇게 많지 않아도 사업을 시작할 수 있다. 실제로 내가 설립하려고 하는 예약 구독 서비스를 이용한 동영상 세미나 사

업은 과거에는 수천만 엔, 경우에 따라서는 억 단위의
투자금이 필요했지만, 지금은 촬영 기자재 비용 수십
만 엔으로도 충당할 수 있다. 그러한 능력을 갖춘 개인
그리고 재택근무자가 활약하는 시대에 주식회사라는
구조는 점차 뒤처진 선택이 아닐지 싶다.

공공성이 있는 사업이라면
일반사단법인으로

공공성이 있는 사업이라면 일반사단법인이라는 선택지도 좋다. 나는 일반사단법인 세 곳의 설립에 관여했다. 모두 사회적인 활동을 하고 있어 주식회사보다는 사단법인이 어울려 이 형태를 선택했다.

처음에 설립한 일반사단법인 비즈니스모델이노베이션협회에는 대기업에서 근무하던 사람도 이사로 참가시켰다. 만약 주식회사라면 일반적으로 다른 기업에 근무하고 있는 사람은 참가하기 어려울 것이다. 하지만 일반사단법인이라면 공익성도 높기 때문에 회사에서 겸업 허가를 받아내기 쉽다. 또『비즈니스 모델의 탄생Business Model Generation』을 쓴 알렉산더 오스터왈더 Alexander Osterwalder와 이브 피그누어Yves Pigneur도 시니어 어드바이저로 취임시켰다.

가장 최근에 참가한 일반사단법인은 교토 가메오카에서 예술을 통한 지역 활성화 사업을 하는 법인이다. 나는 도쿄에 거주하면서 교토의 구성원과 원격, 재택근무로 프로젝트에 참가한다. 회의는 기본적으로 줌을 사용하고 그 밖의 대화는 모바일 메신저 프로그램 라인LINE이나 메일 등을 사용하지만 별 지장을 느끼지 않고 있다. 재택근무를 통해 배운 작업 방식을 원격 프로젝트 매니지먼트에도 활용하는 것이다.

87

우선 집을 거점으로 무료로 시작한다

신규 사업을 시작할 때의 가장 큰 원칙은 적게 낳아 크게 키우는 것이다. 진출하려는 시장을 아직 깊이 이해하지 못하고 있거나 고객의 요구를 정확하게 파악하기 어려운 경우에는 특히 더하다. 처음부터 큰돈을 투자하기보다는 작은 서비스를 시작해 일단 고객의 요구를 포착하고 시행착오를 거쳐 사업 방향을 전환하며 완성해나가는 것이 중요하다. 이것을 린 스타트업lean startup이라고 부른다.

린lean이란 '낭비가 없다' '군살이 없다'는 의미다. 원래 쓸데없는 낭비가 없는 도요타의 생산 방식을 가리키는 말이었지만, 그것을 신규 창업에 적용한 것이 린 스타트업이다. 도요타의 생산 방식이 낭비 없이 생산하는 것을 목적으로 삼았다면 린 스타트업은 낭비

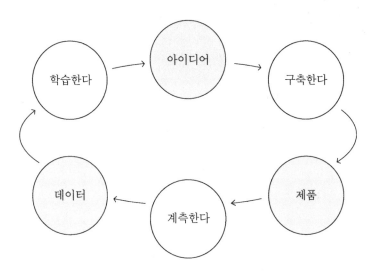

가 없는 학습을 진행하는 것이다. 책상 앞에서 짠 계획으로는 시장이나 고객의 실제 요구를 정확하게 파악하기 어렵다. 실태도 파악하지 못한 상태에서 세운 계획을 실행하면 어떤 결과가 나올지 불을 보듯 뻔하다. 사업을 시작한 뒤에도 사실은 어떤 시장인지, 어떤 요구가 감추어져 있는지 학습하는 과정이 필요하다. 린 스타트업에서는 그런 학습 과정에 중점을 두어야 한다.

　나도 새로운 일을 시작할 때는 린 스타트업을 의식한다. 우선 시행해보는 것이다. 지역 활성화 사업을 추진했을 때는 우연히 참여한 동일본대지진 피해 복구

봉사 활동이 계기가 되어 그곳에서 배운 것을 토대로 사업을 최종 완성했다.

또 2018년에 카메라를 시작했을 때는 무료로 인물 촬영을 하며 실력을 연마했다. 현지 촬영, 스튜디오 촬영, 모든 것이 무료였기 때문에 내가 배우고 싶은 주제에 맞춰 촬영할 수 있었다.

그리고 몇 번이나 소개한 동영상 세미나 사업은 처음에는 이벤트로 동영상을 촬영해 경험을 쌓았다. 이때 이벤트는 1회 3,000엔, 동영상은 1,000엔으로 유료로 시행했다. 이 금액으로 고객을 확보할 수 있다는 사실을 확인했기 때문에 지금은 이것을 월정액 1,000엔으로 동영상을 구독할 경우 반응이 어떨지 다양한 고객의 요구를 찾고 있다.

이런 실험 단계에서는 실리콘밸리의 차고, 즉 집이 그 장소로 어울린다. 가능하면 고정 비용을 낮추면서 시험해보는 데 집중한다. 이것은 기동력을 잃지 않기 위해서도 중요한 전략이다. 일단 고정 비용이 올라가면 좀처럼 줄이기 어려워 변화를 주고 싶어도 마음대로 되지 않는다. 가능성이 확실하게 보일 때가 비로소 큰 투자를 해도 되는 시점이다.

88

기브 앤드 테이크의 원칙

기존의 영역에서 벗어나 새로운 영역에서 사업을 시작하려면 처음에 상당한 투자가 들어간다. 투자에는 돈뿐 아니라 그보다 훨씬 귀중한 시간이라는 자원도 포함된다. 인생에서 시간은 한정되어 있으며 한시도 쓸데없이 보낼 수는 없다. 돈 이상으로 그런 시간 투자를 최소화하는 방법이 '린 스타트업'이었다.

투자라는 것은 당연히 회수를 기대하고 하는 것이기 때문에 투자할 때는 '이익을 얻을 수 있는가?' '그 이상을 회수할 수 있는가?'가 판단 기준이 된다. 확률은 낮지만 커다란 회수율을 기대할 수 있다는 이유에서 벤처 사업에 투자하는 사람들도 있다. 그러나 문제는 그 회수가 '언제' 발생하는지다.

회수를 단기적으로 설정할수록 즉각적인 결과가

나오는 것에만 투자하게 되므로 영역이 한정된다. 사업의 유효 사거리가 점차 짧아지는 것이다.

장래에 크게 발전할 사업을 해보고 싶다면 멀리 떨어져 있는 타깃을 겨냥해 유효 사거리를 길게, 최대한 먼 미래에 회수가 이루어지는 투자를 해야 한다. 차분히 시간을 들여 쌓아가는 사업이다. 시간이 걸리는 사업일수록 다른 사람이 따라잡기 어렵고, 그런 만큼 경쟁에서 우위를 확보할 수 있다.

바꾸어 말하면 많은 시간을 투자한 뒤에서야 비로소 이익을 얻는다는 사고방식이다. 이런 의미에서 장기적 투자는 본질적으로 증여의 성질을 띠고 있다. 즉각적 이익을 기대하지 않기 때문이다. 기업의 연구·개발도 마찬가지다. 기존 사업의 수익을 기업과 사회의 미래에 증여하는 것이다.

얻는 것을 먼저 생각하지 말고 준 다음에 받으라는 '기브 앤드 테이크Give&Take'라는 말이 있다. 이것은 증여의 원칙을 말하는 것이다. 그리고 이는 인생의 장기적 투자에서도 마찬가지다.

과거에는 이런 증여가 자신이 속한 기업을 대상으로 이루어졌다. 인생의 시간을 주고 종신 고용을 얻었다. 그 관계가 성립되었을 때는 별문제가 없었지만, 도요타조차 종신 고용 제도를 유지하기 어렵다고 말하고 있는 현재, 투자의 대상이 소속 기업만으로 충분하다고 하기는 어렵다.

이러한 시대에는 새로운 영역에 대한 투자를 시작해야 한다. 빠르면 빠를수록 좋다. 그만큼 시간이라는 자원을 많이 투자할 수 있기 때문이다.

재택근무를 시작한 여러분은 어떤 새로운 영역에 투자할지 궁금하다.

여증 순환과 삶의 자리

NPO 법인 바노겐큐쇼場の研究所를 운영하는 과학자 시미즈 히로시淸水博는 오랜 세월 동안 장소를 연구하면서 그 근본 원리에 여증 순환與贈循環이 존재한다고 지적했다. 증여를 뒤집은 말인 여증은 보상을 요구하지 않는 익명의 증여를 가리킨다.

이 여증이 자신이 존재하는 '장소'에 실행되면 그 '장소'가 풍요로워진다. '장소'가 풍요로워지면 이번에는 그 '장소'가 자신의 '삶의 자리'가 되는 방식으로 여증이 돌아온다. 순환이 발생하는 것이다.

가족을 위해 케이크를 사서 돌아온다고 하자. 그러면 가족과의 관계가 좋아지고 가정이라는 '장소'가 풍요로워진다. 그럴 경우 자신의 삶의 자리가 만들어진다. 즉 여증은 살아가는 자리를 만드는 방법이다.

재택근무를 하게 되면 의식적으로 이 자리 만들기를 해야 한다. 지금까지는 회사라는 당연한 삶의 자리가 있었다. 그러나 물리적으로 그 장소에서 벗어났을 때 사람은 회사에 삶의 자리가 있음을 실감하지 못하게 된다. 이것이 나중에는 정신적으로도 영향을 끼친다. 따라서 지금까지 의식하지 못했던 삶의 자리를 만들고자 해야 한다.

그 거주지는 회사에만 머무르지 않는다. 오히려 회사라는 작은 틀에 얽매이지 않고 최종적으로는 지구 전체가 내 삶의 자리라고 생각할 정도로 규모를 키워야 한다. 그 후에 세계를 무대로 삼아야 한다. 그런 시야를 갖추고 살아가는 사람은 엄청나게 대담한 프로젝트를 완수해나갈 것이다.

재택근무는 회사라는 작은 자리를 잃는 작업 방식이다. 하지만 세계라는 거대한 삶의 자리를 획득할 기회를 얻을 수 있는 작업 방식이기도 하다.

주석

포스트코로나 시대 우리는 어떻게 일할 것인가

01 「가치관의 액상화」, 중앙일보, 2020.6.19

02 「재택근무, 리모트 워크도 연습이 필요하다」,
   경향비즈, 2020.3.14

03 ‹디디피 디자인뮤지엄개관 특별전 강연: 뉴노멀의
   라이프스타일›. 서울시 유튜브, 2020.8.13

04 건축강의 3 『거주하는 장소』, 김광현, 안그라픽스, 2018

05 「언택트생활이 모두의 표준으로 급물살 탄 시기,
   못 따라가면 도태된다」, 주간동아, 2020.9.8

06 ‹재택근무 N년차 꿀팁 대방출›, 조승연의 탐구생활 중,
   2020.4.10

07 ‹위기를 기회로! 리셋된 세상에서 '리부트'하는 방법›,
예스티비, 2020.7.10

08 「정규직을 넘어 '인디펜던트 워커' 시대가 온다」,
고대신문, 2020.9.13

09 ‹가장 운 좋은 세대, 지금이 단군이래 돈 벌기 가장 좋은
시대인 이유›, 신사임당, 2018.11.25

10 「코로나 8개월째…우울한 이 마음도 방역이 되나요?」,
머니투데이, 2020.9.6

11 『What is Art』, 폴커 할란, 1986

12 「최재천, 최진석이 말하는 코로나 19와 한국의 미래」,
동아일보, 2020.5.2

13 ‹아무튼 출근›, MBC, 2020.8.3

환경 정비 HACK

14 「책상이 지저분하면 집중력도 생산성도 떨어진다デスクが散らかっ
ていると集中力も生産性も低下する」, «하버드 비즈니스 리뷰Harvard Business
Review», 2019
https://www.dhbr.net/articles/-/5898

15 2004년 당시 매출은 31억 8,900만 달러였다. 2019년
    매출이 461억 달러였으니 15년 동안 14배 성장한 셈이다.

16 「세계 첨단 사무실, 편안한 마음으로 능률을 높이다 世界の先端オ
    フィス、心地よさで能率アップ」, CNN, 2014
    https://www.cnn.co.jp/business/35045720-2.html

17 380-500nm 사이의 낮은 파장에서 나오는 파란색 계열의
    빛으로, 눈 건강을 해친다는 논란이 있다. 옮긴이 주

18 https://www.balmuda.com/jp/light/

19 「조명기구 글자를 선명하게 비추는 빛·밝기 향상 照明器具 文字くっ
    きり光·明るさアップ」, 파나소닉 웹사이트
    https://panasonic.jp/light/clearlight.html

20 사무실은 일반적으로 1인당 10㎡, 약 3평 정도가 표준
    면적이다. 이 정도 공간을 재택근무에 사용할 수 있다면
    더할 나위 없지만 도심의 주택 상황을 생각하면
    쉬운 일은 아니다.

21 「아로마테라피의 효과와 메커니즘 アロマテラピーの効果とメカニズム」,
    이오 건강 eo 健康
    https://eonet.jp/health/special/special73_1.html

22 1983년 미국 생리학자 벤저민 리벳Benjamin Libet의 연구에
    따르면 의식적 결정을 나타내는 신호가 발생하기 0.35초전
    무의식적인 '준비 전위'가 나타난다고 한다. 「'자유 의지'는
    존재한다. 단, 0.2초만: 연구 결과 『自由意志』は存在する ただし、ほんの
    0.2 秒間だけ：研究結果」, «와이어드WIRED», 2016

    https://wired.jp/2016/06/13/free-will-research/com/research/paper/
    works-review/item/171120_wr12_06.pdf

행동 관리 HACK

---

23 외국의 연구에서는 재택근무를 하면 장시간 노동하게 될
    가능성이 높다는 결과가 나온 한편, 일본에서는 재택근무의
    노동 시간이 더 길어지는 경향은 인정할 수 없다는 연구도
    있다. 하기하라 마키코萩原牧子 구메 고이치久米功一, 「재택근무는
    장시간 노동을 초래하는가-고용형 재택근무의 실태와 효과テ
    レワークは長時間労働を招くのか―雇用型テレワークの実態と効果―」, 2017

    https://www.works-i.com/research/paper/works-review/item/171120_wr12_06.pdf

24 가타오카 요시오, 『얼 그레이로 시작하는 하루アール・グレイから始ま
    る日』, 가도카와분코角川文庫, 1991

25 「사무실에서의 '잠깐 한숨 돌릴까?'라는 말은 잠깐이 아니라
    평균 23분의 집중력을 빼앗는다-생산성 향상을 위한 '소리
    차단 문제'에 대해 생각하다オフィスの『ちょっと一瞬いい?』は一瞬では
    なく平均23分の集中力を奪っている-生産性アップのための『遮音の問題』を考える」,
    다이아몬드사 온라인ダイヤモンド・オンライン, 2014

    https://diamond.jp/articles/-/64150

26 우리 속담 '누워서 떡먹기'에 해당하는 일본 속담으로 아침 식사 전에 끝낼 수 있는 간단한 일을 의미한다. 옮긴이 주

27 「컴퓨터 용어 '디프래그'란 무엇인가? 장단점은?パソコン用語『デフ ラグ』って何? リット・デメリットは?」, 빅로브 BIGLOBE, 2013
https://enjoy.sso.biglobe.ne.jp/archives/defragmentation/

28 변동성 volatility, 불확실성 uncertainty, 복잡성 complexity, 모호성 ambiguity의 첫 글자를 따서 만든 말로 현대 사회의 불확실한 상황과 위험 요소를 묘사할 때 사용한다. 옮긴이 주

29 사토 오오키佐藤オオキ, 『400가지 프로젝트를 동시에 진행한다- 사토 오오키의 속도를 높이는 업무 기술400のプロジェクトを同時に進 める 佐藤オオキのスピード仕事術』, 겐토샤幻冬舎, 2017

커뮤니케이션 HACK

30 이용자의 주문이나 요구에 따라 상품이나 서비스를 제공하는 것. 옮긴이 주

31 후카쓰 다카유키, 「노트에서의 핵심 체험과 상호 작용 메모 noteにおけるコア体験と相互作用メモ」, 노트, 2017
https://note.com/fladdict/n/n25abad09f96b

32 「[7개사 정리] 가장 추천하는 '슬랙 활용 기술' 공개!
독자적인 운용 규칙에서 애플리케이션 제휴까지【7社まとめ】イチオシの「Slack活用術を公開！独自の運用ルールからアプリ連携まで」,
《셀렉SELECK》, 2020
https://seleck.cc/1357

33 그린스크린green screen 없이 개인용 컴퓨터에서 사용하려면 일정한 성능이 갖추어져 있어야 한다.

34 생산과 서비스 과정에 소비자를 비롯한 대중을 참여시켜 해결책을 얻는 방법. 옮긴이 주

정보 정리 HACK

35 북유럽의 소국 에스토니아는 1990년대부터 공공 업무의 디지털화를 시작해 현재 세계에서 가장 혁신적인 전자정부 시스템을 갖추었다고 평가받는다. 옮긴이 주

36 여러 소프트웨어나 자료를 서비스 사업자의 서버에 두고 어떤 장치로도 활용할 수 있게 한 서비스. 옮긴이 주

37 「비즈니스맨은 연간 150시간이나 ○○○에 소비했다 – 야근하지 않는 작업 기술"年間150時間"も、ビジネスパーソンは●●●に費やしていた…残業をしないチームの仕事術」,
《리쿠나비rikunabi NEXT 저널》, 2017
https://next.rikunabi.com/journal/20171128_m1/

38 「가벼운 조깅이 뇌 기능을 조절·유지, 두뇌에의 적절한 충격이 효과적, 국립재활연구소 등 발견軽いジョギングが脳機能を調節·維持、頭への適度な衝撃が効果 国立リハビリ研など発見」, 사이언스 포털Science Portal, 2020
https://scienceportal.jst.go.jp/news/newsflash_review/
newsflash/2020/02/20200206_01.html

39 기술Technology, 엔터테인먼트Entertainment, 디자인Design의 영어 약자로 1984년 정보기술 전문가 리처드 솔 워먼Richard Saul Wurman 등이 창설한 콘퍼런스다. 일종의 지식과 경험 공유 체계로, 주제를 제한하지 않고 모든 지적 호기심을 함께 충족하는 게 목표다.

40 「혈당치에 문제없다는 사람도 요주의. '혈당 스파이크'의 리스크와 대처법『血糖値は大丈夫』な人も要注意。"血糖値スパイク"のリスクと対処法」, 시루토shiruto, 2019
https://shiruto.jp/life/1143/

41 「식후의 급격한 졸음의 원인은 혈당 스파이크? 예방에 효과적인 4가지 식사법食後の急な眠気の原因は血糖値スパイク？予防に効果的な食事法4選」, 요메이슈養命酒 웹사이트, 2019
https://www.yomeishu.co.jp/health/3800/

42 운동을 좋아하는 사람들이 모여 음식을 먹으면서 텔레비전 스포츠 중계를 즐기는 바. 옮긴이 주

43 나카노 히로아키中野裕哲, 『창업의 의문과 불안이 사라지는 책起業の疑問と不安がなくなる本』, 일본실업출판사日本実業出版社, 2015

마치며

재택근무는 영어로 '워크 프롬 홈Work from Home'이라고
한다. 홈은 물론 집이라는 의미인데 나는 그보다 좀 더
넓은 의미에서 거주지라고 해석하고 싶다. 우리는 앞
으로 각자의 거주지에서 일하게 된다. 거주지에서 자
기다운 방식, 자기만 할 수 있는 방식으로 회사와 사회,
세계에 공헌하는 것이다.

　'워크 라이프 밸런스'라는 말이 일반인에게 보급
되면서 작업 방식의 개혁이 추진되어왔다. 야근이 줄어
들고 삶과 균형이 잡힌 작업 방식이 실현되어왔다. 신
종 코로나바이러스 감염증 문제는 이를 단번에 추진시
켰다. 그 결과 생활에 충실해야 일에도 충실해진다는
'워크 프롬 라이프Work from Life'가 두드러졌다. 집에서의
생활이 풍요로워질수록 마음도 풍요로워지고 일에서의

아웃풋도 풍요로워진다는 선순환이다.

신종 코로나바이러스 감염증으로 긴급사태가 선포되고 집에서 시간을 보내게 되면서 공원에 나가 아이들과 뛰어놀고 산과 들에 나가 가재를 잡는 것이 얼마나 사치스러운 경험이었는지 알게 되었다. 외식도 하지 않고 집에서만 끼니를 챙기는 일상 속에서 가족이 함께 시간을 보낸다는 것이 얼마나 소중한 경험인지도 실감했다. 신종 코로나바이러스 감염증을 거치면서 우리 사회는 이제 과거로 돌아갈 수 없을 정도로 가치관의 변화를 겪고 있다.

그런 변화 속에서 단순히 과거로 돌아가는 것이 아니라 과학기술을 활용해 앞으로 나아가면서도 근본을 추구하는 여러 HACK을 지금까지 소개했다. 여러분 각자의 워크 프롬 홈이 멋지게 실현되기를 바란다.

2020년 5월 비밀기지처럼 변해버린 집의 책상에서